外国人住民の生活相談Q&A

～子育て・教育から医療・福祉まで～

元富士見市福祉課長・
総合政策部長
石川 久 弁護士 **杉田昌平** 編著

ぎょうせい

はじめに

　私たちは、日常生活の中でごく普通に外国人と出会う時代を迎えました。そして、日本で暮らす外国人の数がたいへん多くなっていることや、その活動が日本の社会経済にも大きな影響をもたらすことから、国・地方自治体、民間の活動団体も、日本に住む同じ「住民」として共に生きていくための施策・事業を展開してきています。

　本書は、主として外国人住民の生活を支える立場にある自治体職員、また、幅広い地域の活動者などに、外国人が日本に入国すること、日本で生活することの各分野、子育て・教育から医療・福祉等にわたる具体的事項についてQ&Aを提供しようというものです。外国人には、特有の悩み、困難、問題・課題があります。私たちは、それらにどう向き合うのか、制度の概要や原則、窓口・手続、今さら聞けない事項も含めてわかりやすく解説を試みました。

　第1章の総論では、多文化共生時代の国、自治体、住民の役割を考えます。そして、外国人住民がどのような資格と条件で入国し、どのような活動を行うのか、在留資格に関する基本的な事項を解説します。

　第2章の外国人住民の生活相談Q&Aでは、入国と住民票、保育・子育て支援、教育、医療と健康、年金、介護保険・高齢者福祉、障害者福祉、生活保護、地域の生活支援者、税金その他にいたる幅広い分野を取り上げ、それぞれの内容についてQ&Aで解説します。これらの事項の多くは「住民」として、私たちの日常生活にかかわることと共通のものです。

外国人が日本に来る理由は、観光、仕事、留学、研究や研修・実習などさまざまですが、2020（令和2）年は「新型コロナ禍」により、国際的に人の流れが制限されました。これらにより、日本はもとより、世界的な経済状況や人事・文化交流がかつてない重大なマイナスの影響を受けました。いいかえると、いかに世界が一体化しているか、ヒト、モノ、カネの流れが欠くことのできないものとなっているかが明らかになりました。グローバル化は、普遍的流れといえます。

　こうした中で、互いに寄り添う「住民」として支え合いができるよう、本書が広く活用されれば幸いです。

2020（令和2）年10月

石川　久

〈目　次〉

目　次

第1章

1　多文化共生時代の国、自治体、住民の役割

1　国の総合施策

（1）過去最高の在留外国人

　2019（令和元）年末現在における中長期在留者数は262万636人、特別永住者数は31万2,501人で、これらを合わせた在留外国人数は293万3,137人となり、前年末（273万1,093人）に比べ、20万2,044人（7.4％）増加し過去最高となりました。中でも技能実習410,972人、構成比14.0％（前年比＋25.2％）、技術・人文知識・国際業務271,999人、構成比9.3％（前年比＋20.5％）の伸びが顕著です（2020（令和2）年3月出入国在留管理庁）。300万人近い外国人住民が日本で日常生活を営んでいることになります。

　また、2019（平成31）年4月から、産業の現場で働くことを主たる目的とした在留資格である「特定技能1号」および「特定技能2号」が創設されました。日本の産業・経済にとっても、こうした外国人の果たす役割は大きく、それに対応する政府（国・地方自治体）の役割の重要性は、ますます高まってきています。

（2）「生活者としての外国人」に関する総合的対応策

　国の取組みとしては、2006（平成18）年4月に内閣官房に設置された「外国人労働者問題関係省庁連絡会議」が、同年6月の中間報告を経て、12月に「『生活者としての外国人』に関する総合的対応策」を公表しました。これには次のような施策が掲げられています。

1．外国人が暮らしやすい地域社会づくり

① 日本語教育の充実

② 行政・生活情報の多言語化

③ 地域における多文化共生の取組みの促進

④ 防災ネットワークの構築

⑤ 防犯対策の充実

⑥ 住宅への入居支援

⑦ 母国政府との連携、諸外国の情報の収集、普及

2．外国人の子どもの教育の充実

① 公立学校等における外国人児童生徒の教育の充実

② 就学の促進

③ 外国人学校の活用、母国政府との協力等

3．外国人の労働環境の改善、社会保険の加入促進等

① 社会保険の加入促進等

② 就労の適正化のための事業主指導の強化

③ 雇用の安定

4．外国人の在留管理制度の見直し等

① 外国人の在留状況等の正確な把握等

② 在留期間更新等におけるインセンティブ

　こうした取組みが重ねられ、総務省の地方自治体へのアンケート調査の結果によると、地方自治体における多文化共生の推進に係る指針・計画の策定状況は、2018（平成30）年4月1日現在、都道府県・指定都市ではほぼすべてで策定されています。しかし、市区町村では、その策定割合は約44％であり、必ずしも全般的に進んでいるわけではありません。指針等の未策定団体（115団体）に対する、今後の検討状況に関するア

ンケート調査の結果、今後策定を予定又は検討していると回答した団体が58団体（約50％）あり、この結果からも今後新たに多文化共生に取り組む団体が増えていくことが予想されます。また、重点的に取り組んでいる分野として、多言語対応、教育・日本語学習支援、防災といった分野が多くあげられており、先進的な自治体の取組みが共有され、広がりつつあることが示されています。

　外国人の在留管理制度の見直しでは、2012（平成24）年7月から、これまでの「外国人登録制制度」から「住民基本台帳制度」へと変わりました。これにより、「紙媒体」から電子システムに移行され、法務大臣が外国人の在留管理に必要な情報を継続的に把握できるようになったとともに、地方自治体にとっても外国人に対して、住民情報に基づく行政サービスをより適切に提供できるようになりました。

（3）「外国人材の受入れ・共生のための総合的対応策」

　このように、「『生活者としての外国人』に関する総合的対応策」に基づいて外国人が暮らしやすい地域社会づくりが進められてきましたが、新たな在留資格である「特定技能1号」および「特定技能2号」の創設（2019（平成31）年4月施行）などの経過を踏まえつつ、外国人材の受入れ・共生のための取組みを、「政府一丸となって、より強力に、かつ、包括的に推進していく」ために、「外国人材の受入れ・共生のための総合的対応策」が取りまとめられることとなり、2018（平成30）年9月に検討会が設置され、中間報告を経て、同年12月25日に「外国人材の受入れ・共生のための総合的対応策」（関係閣僚会議）が公表されました。

　さらに、2019（令和元）年12月、この「外国人材の受入れ・共生のための総合的対応策」が改訂されました。これには、新たに「悪質な仲介事業者等の排除」などを含む「2　外国人材の円滑かつ適正な受入れの

促進に向けた取組」が加えられました。そして、「政府としては、在留資格を有する全ての外国人を孤立させることなく、社会を構成する一員として受け入れていくという視点に立ち、外国人が日本人と同様に公共サービスを享受し安心して生活することができる環境を全力で整備していく」とともに、「その環境整備に当たっては、受け入れる側の日本人が、共生社会の実現について理解し協力するよう努めていくだけでなく、受け入れられる側の外国人もまた、共生の理念を理解し、日本の風土・文化を理解するよう努めていくことが重要であることも銘記されなければならない」などとする基本的考え方を示すとともに、各施策分野の「現状認識・課題」を掲げ、各省庁が取り組む具体的な172の施策を示しています。

　その施策の柱は、以下のとおりです。

外国人材の受入れ・共生のための総合的対応策（改訂）
Ⅰ　基本的な考え方
Ⅱ　施策
　1　外国人との共生社会の実現に向けた意見聴取・啓発活動等
　　⑴　国民及び外国人の声を聴く仕組みづくり
　　⑵　啓発活動等の実施
　2　外国人材の円滑かつ適正な受入れの促進に向けた取組
　　⑴　特定技能外国人の大都市圏その他特定地域への集中防止策
　　　等
　　⑵　特定技能試験の円滑な実施等
　　⑶　悪質な仲介事業者等の排除
　　⑷　海外における日本語教育基盤の充実等
　3　生活者としての外国人に対する支援

---

(1)　暮らしやすい地域社会づくり

①　行政・生活情報の多言語化、相談体制の整備

②　地域における多文化共生の取組の促進・支援

(2)　生活サービス環境の改善等

①　医療・保健・福祉サービスの提供環境の整備等

②　災害発生時の情報発信・支援等の充実

③　交通安全対策、事件・事故、消費者トラブル、法律トラブル、人権問題、生活困窮相談等への対応の充実

④　住宅確保のための環境整備・支援

⑤　金融・通信サービスの利便性の向上

(3)　円滑なコミュニケーションの実現（日本語教育の充実）

(4)　外国人の子供に係る対策

(5)　留学生の就職等の支援

(6)　適正な労働環境等の確保

①　適正な労働条件と雇用管理の確保、労働安全衛生の確保

②　地域での安定した就労の支援

(7)　社会保険への加入促進等

4　新たな在留管理体制の構築

(1)　在留資格手続の円滑化・迅速化

(2)　在留管理基盤の強化

(3)　留学生の在籍管理の徹底

(4)　技能実習制度の更なる適正化

(5)　不法滞在者等への対策強化

＜参考関連情報＞

改訂　外国人材の受入れ・共生のための総合的対応策　令和元年12月

20日　http://www.moj.go.jp/content/001311603.pdf

外国人材の受入れ・共生のための総合的対応策　平成30年12月25日

http://www.moj.go.jp/content/001280353.pdf

外国人労働者問題関係省庁連絡会議（内閣官房）

https://www.cas.go.jp/jp/seisaku/gaikokujin/index.html

2　地方自治体の重要な責務

（1）自治体の取組みの概況　──「調査」と見比べて──

　「外国人材の受入れ・共生のための総合的対応策」は、現在の政府・自治体に必要な施策を網羅していると考えられますが、特に「3　生活者としての外国人に対する支援　(1)暮らしやすい地域社会づくり、(2)生活サービス環境の改善等、(3)円滑なコミュニケーションの実現（日本語教育の充実）、(4)外国人の子供に係る対策などは、地方自治体の重要な責務といえます。

　これらの施策の取組みについて、埼玉県川口市が2016（平成28）年11月から12月にかけて実施した「多文化共生社会のためのアンケート調査」の結果（サンプル数、調査の形式、回答率等から見て精度は高く参考になると思われます。以下「調査」と略します。）と合わせて見てみましょう。

　■暮らしやすい地域社会づくり

　(1)の「暮らしやすい地域社会づくり」には、①行政・生活情報の多言語化、相談体制の整備、②地域における多文化共生の取組の促進・支援が掲げられています。総務省のアンケートおよび筆者が行ったヒアリングやホームページ検索によると、行政・生活情報の多言語化、相談体制の整備については、ほとんどの自治体で多言語による「生活ガイド」の発行や相談窓口（委託を含む）を開設し、その推進に取り組んでいます。

　調査では、外国人住民への「自治体の情報をどのようにして知ります

か」との問いについて、「同じ国・地域の友人」24.6％、「インターネット・SNS」24.4％、「市が発行する広報紙」24.2％、「日本人の友人・知人」22.6％などが多く、「市の窓口やホームページ」は、13～14％にとどまっており、「知る方法がない」も6.6％あります。また、「生活で困ったときには誰に相談しますか」という問いには「家族・親戚」60.7％、「同じ国・地域の知人・友人」48.2％、「日本人ほかの知人・友人」28.8％、「職場の同僚」14.4％、「市役所」7.3％と続いています。

　また、市の外国人相談窓口を利用したことがあるかどうか、を尋ねたところ、「利用したことがある」10.0％、「利用したことがない」86.0％（n＝946）となっています。利用しなかった理由として、「知らなかった」50.2％、「相談する必要がなかった」28.4％、「不便だから」7.5％など（n＝814）となっています。

　こうした結果からいえることは、自治体はさまざまな施策を実施し、用意していますが、外国人住民にはまだまだ使われていない、または、知られていないのではないかという疑問です。

　■生活サービス環境の改善

　(2)の「生活サービス環境の改善等」には、①医療・保健・福祉サービスの提供環境の整備等、②災害発生時の情報発信・支援等の充実、③交通安全対策、事件・事故、消費者トラブル、法律トラブル、人権問題、生活困窮相談等への対応の充実、④住宅確保のための環境整備・支援などが掲げられています。

　医療・保健分野に関しては、厚生労働省、都道府県のウェブサイトにより詳細な医療機関の検索が可能な状態になっており、予防接種・保健・福祉サービスや生活困窮相談等への対応は、日本の住民と同様に自治体の広報紙やホームページでのお知らせ、住民情報に基づく個別通知が行われています。

　調査では「あなたや、あなたの家族が病気になったとき、困ったことがありますか」と尋ねていますが、「特に困ったことはない」が43.1％で最も多いものの、「どのように具合が悪いかを病院の人にうまく伝えられなかった」28.5％、「医者や病院の人の説明がわからなかった」21.6％（n＝946）など、実際に医者にかかったときに言葉の問題が指摘されます。

　災害発生時の情報発信・支援等の充実については、多くの自治体が多言語でパンフレットなどを作成し、配布しています。交通安全対策、事件・事故、消費者トラブル、法律トラブル、人権問題等に関しては、窓口は開かれていますが、実際の利用は活発ではないようです。

　住宅確保のための環境整備・支援については、民間の住宅と公営住宅とでは差が認められます。公営住宅については、日本人同様の基準が設けられていますが、外国人労働者・実習生の住宅確保は雇用主の努力とされています。

　この調査では「差別や偏見を感じたことがある」とした回答が約半数あり、そのうちの「借家を借りようとしたときに外国人だから」という理由で断られたという回答が49.9％（n＝439）あります。

■円滑なコミュニケーションの実現

　こうしたサービスが十分利用できない要因として考えられるのは、(3)の「円滑なコミュニケーションの実現（日本語教育の充実）」が十分でないことがあげられます。調査によると「日本語がどのくらいわかりますか」との問いについて、「聞き取れる・ゆっくりなら聞き取れる」、「話せる・少しなら話せる」は、95％程度ですが、「日本語が読める」50.5％、「簡単な文書なら読める」37.8％、「ほとんど読めない」11.7％となっています。さらに、「書ける」43.3％、「簡単な文章なら書ける」36.6％、「ほとんど書けない」20.1％（いずれもn＝725）となっています。

そして、「自分自身の日本語が十分だと思いますか」との問いでは、「はい」32.5％、「いいえ」62.8％、「無回答」4.7％（n＝946）となっています。この調査では、日本で暮らした平均合計年数は10年11か月（n＝911）となっていますので、ある程度日本で暮らした外国人住民でも、コミュニケーションについて不安が大きいことがわかります。

■子どもの学校・教育、子育て

(4)の「外国人の子供に係る対策」は、子どもの学校・教育、子育てなどへの取組みが中心です。外国人の子どもには、日本の義務教育への就学義務はありませんが、公立の義務教育諸学校へ就学を希望する場合には、教科書の無償配付や就学援助を含め、日本人と同一の教育を受ける機会を保障しています。また、子どもの将来を培う教育の重要性からすべての子どもが就学することを目指しています。

調査によると、「普段の生活で困っていることや不安なことはなんですか」の問いに「子どもの学校・教育」32.6％（複数回答：n＝946）が1位となっています。現在「子どもが通っている学校はどれですか」との問いでは、「日本人が通う学校（公立・私立）」が95.6％ですが、「学校に通っていない」が0.7％となっており、調査対象（n＝608）のうち4人程度は学校に通っていないことになります。

学齢前の子どもでは、国籍に関係なく保育所や幼稚園の利用が可能ですが、「保育所に通っている」64.0％、「家で育児」21.3％、「幼稚園」10.4％（n＝356）などとなっています。保育所や幼稚園で「困っていること」を尋ねると、「特に困ったことはない」68.2％、「子どもが保育所や幼稚園でどのように過ごしているかわからない」13.9％、「保護者に連絡が来るが日本語なのでよくわからない」12.4％、「日本の教育制度がわからない」12.0％、「保護者同士のコミュニケーションができない」10.5％（複数回答：n＝263）となっています。

　子どもの教育については、「日本で教育を受けさせたい」が88.7％（n＝608）を占めており、「子どもの将来について」は、「大学・短大・専門学校などを卒業し、日本で働いてほしい」が69.9％（n＝608）となっています。日本での教育、就職に強い希望が寄せられています。

（2）外国人住民と地域住民

■外国人住民に「困った」

　日本人住民と外国人住民の関係について考えてみましょう。川口市が2016（平成28）年の「調査」と同時期に町会長・自治会長170人に尋ねたところ、その8割ほどの町会・自治会に外国人住民が住んでいました。そして、町会・自治会に約6割の外国人住民（382世帯）が加入していました。

　外国人住民の対応について、「困っていること（または過去に困った経験）はありますか」との問いに、「ある」との回答が5割強で、その内容は、「ごみの問題」約8割、「ルール、マナーを守らない」約6割などが多くなっています。そのほか、「タバコのポイ捨て」、「歩道に商品を並べている」、「日本語が話せない」、「焚き火をする」などもありました。

　こうした「困った」に対して、町会や自治会では、「住宅の管理人が口頭にて説明し、注意をした」、「クリーン推進員（市委嘱：廃棄物減量等推進員）が対応している」、「多言語で看板を出している」、「掲示板によるマナー教室、マナーポスターコンテストによる徹底」、「町会でのパトロールの際に警察官と同行した」、「防犯カメラの映像を警察官に見てもらい、外国人を特定し、注意してもらっている」などの対応を行っています。

■共に交流と参加

　一方、「自治会行事に誘う」、「地域活動の担い手になってもらうため、

大学生ボランティア団体の芝園かけはしプロジェクトと協働する『芝園多文化交流クラブ』などの取組みを通じて、自治会活動に理解のある外国人住民を継続的に探している」などの積極的な取組みも見られます。

　外国人住民も、調査で「今後も川口市に住み続ける」65.0％、「わからない」22.8％（n＝946）となっており定住希望は高くなっています。また、日本人との交流では、「あいさつをする程度」が54.4％で最も多くなっていますが、「保育所・幼稚園・学校PTA・保護者会などの行事」での交流が31.9％、「一緒に食事をしたり、出かけたり」25.8％、「町会や自治会で一緒に活動」14.8％（複数回答：n＝946）となっており、それぞれの分野で交流していることがわかります。また「全然つきあっていない」を選択した107人に交流しない理由を尋ねると「交流したいがどうしていいかわからない」60.7％、「日本語がわからない」48.6％などとなっており、むしろ機会があり、日本語ができるようになれば交流したいと思っていることがわかります。

（3）自治体・住民・職場の協働

　日本ではゴミ出しのルールをはじめ地域の生活規律を守ることが良好な関係を築く要素といえます。しかし、そうした情報や日本の生活の仕組みを十分学ぶことなく来日した外国人は、自分がおかれている環境と自分の「暮らしのスタイル」がかみ合わないまま日々生活せざるを得ない状況におかれていると考えられます。こうした状況を打開するには、粘り強く働きかけを続けるとともに、日本人も他国の文化を理解し、どうしたら日本での現実の暮らしに対応できるかを考える必要があります。

　国も地方自治体も、多言語で情報を提供し、相談窓口を開き、災害情報を提供するなど各施策を行っていますが、それらが伝わらず、利用できない人もいます。施策の情報を確実に伝え、必要なときに利用できる

環境を整える必要があります。また、外国人住民も基本的に交流を大切にしており、各分野でそれぞれ交流していることがわかりました。研修生・実習生、労働者には「職場」もあります。まさに、自治体・住民・職場の協働で地域生活を支えていくことが大切だといえます。

川口市多文化共生社会のためのアンケート調査
・期間：平成28年11月20日から12月22日まで
・調査票は、日本語（ルビ付き）、中国語（簡体字・繁体字）、英語、韓国語・朝鮮語、タガログ語、ベトナム語、トルコ語で作成し、回答は選択式および一部自由記述式
・配布回収状況：配布数　1,240部／回収部数　1,006部／有効回答数　946部（有効回収率76.3％）
◎サンプル数、調査の形式、回答率等から見て精度は高く、参考になると思われます。また、設問が本書の課題とするものに合致していたことからこの調査を採用しました。

---

2 外国人住民の在留資格

1 外国人住民のこれまで

（1）多文化共生と外国人住民

「多文化共生」という単語が用いられるようになったのは、比較的最近です。1993（平成5）年1月に神奈川県で開催された「開発教育国際フォーラム」で、外国人[1]が多く暮らす地域である川崎市でのフィールドワークが分科会として開催され、その催しを案内した新聞記事が紙上で初めて「多文化共生」という単語を使用したとされます[2]。

その後、1995（平成7）年1月に阪神淡路大震災時の被災外国人支援のため「外国人地震情報センター」が設立され、同年10月に「特定非営利活動法人多文化共生センター」へと発展的に解消されました[3]。同センターの「多文化共生」は、それまでに存在した「外国人支援」と異なり、外国人と日本人との間に「支援する側」と「される側」として分けるものではなく、共に影響を及ぼしあい、共に変化する関係と位置づけている点に特徴がありました[4]。

このような背景もあり、後述する「多文化共生推進プログラム」の検討を行った2006（平成18）年報告書のもとになった研究会においても、地域の多文化共生につき「国籍や民族などの異なる人々が、互いの文化的ちがいを認め合い、対等な関係を築こうとしながら、地域社会の構成

---

[1] 入管法第2条第2号に同じ。
[2] 田村太郎＝北村広美＝高柳香代『多文化共生に関する現状およびJICAでの取り組み状況にかかる基礎分析』13頁
[3] 認定NPO法人多文化共生センター東京ウェブサイト
[4] 前掲田村＝北村＝高柳14頁

員として共に生きていくこと」と定義し、検討を行うことになりました[5]。

（2）これまでの「多文化共生」についての検討状況

　総務省は、これまで、次の表のとおり2006（平成18）年3月、2007（平成19）年3月、2012（平成24）年12月及び2019（平成31）年3月に「多文化共生の推進に関する研究会報告書」を発表してきました。

時期	題名	概要
2006年3月	多文化共生の推進に関する研究会報告書～地域における多文化共生の推進に向けて～（2006年報告書）	総合的・体系的な検討を行い、「多文化共生推進プログラム」を検討した。防災ネットワークのあり方、情報基盤整備のあり方を今後の検討課題として示した。
2007年3月	多文化共生の推進に関する研究会報告書2007（2007年報告書）	2006年報告書で検討課題とされた、防災ネットワークのあり方及び外国人住民への行政サービスの的確な提供のあり方について検討がなされた。
2012年12月	多文化共生の推進に関する報告書～災害時のより円滑な外国人住民対応に向けて～（2012年報告書）	東日本大震災の経験を踏まえ、2007年報告書で検討された防災ネットワークのフォローアップと課題分析及び解決に向けた提言を行った。
2019年3月	多文化共生の推進に関する研究会報告書2018（2018年報告書）	在留外国人数が過去最高を記録したこと、新しい在留資格である「特定技能1号」及び「特定技能2号」が創設されること等を受け、全国的に多文化共生の推進がますます重要になるところ、アンケート調査の結果等を踏まえて、事例のとりまとめを行った。

---

[5]　総務省「多文化共生の推進に関する研究会報告書～地域における多文化共生の推進に向けて～」（5頁、2006年3月）

　初めて体系的な検討を行った、2006年報告書が策定された2006（平成18）年は、いわゆるリーマンショック前で、当時では最大の214万人の外国人が在留していました[6]。そして、1990（平成2）年の出入国管理及び難民認定法（入管法）の改正により、日本にルーツを持つ方の入国が増加し、そういった外国人の定住が集中する地域において、日本語でのコミュニケーション等が喫緊の課題とされていた時期です。

　確かに集住地域において感じられる課題の切迫感はあったのだと思います。一方で、「現在はまだ一部の地域における特別な課題と受け止められる向きもある」との記載（2006年報告書6頁）が示すとおり、全国レベルで切迫感を持った課題としては認識されていなかったという面も否定できないのではないでしょうか。

　しかし、同文章に続き、2006年報告書は「今後のグローバル化および少子高齢化・人口減少によって、外国人労働者の増加は不可避との予測もあり、遠くない将来において外国人住民への対応は全国の地方自治体にとって共通の課題となることも予想される」と続けていました（2006年報告書6頁）。この予想が立てられた時点から14年後である2020（令和2）年に、この予想は現実のものになろうとしています。

　「出入国管理及び難民認定法及び法務省設置法の一部を改正する法律」が2019（平成31）年4月に施行され、これまでにない、産業の現場で働くことを主たる目的とした在留資格である「特定技能1号」及び「特定技能2号」が創設され、新しい在留資格制度に基づき、上記の予想が現実のものになろうとしています。

　「特定技能1号」の外国人材[7]が働くことができるのは、現時点では、14の特定産業分野です。つまり、すべての産業で、全面的に外国人材の

---

[6] 法務省在留外国人統計
[7] 日本で就労する外国人をいう。

受入れを認めたわけではありません。しかし、特定技能制度に接続する制度としての技能実習制度を活用して日本に技能等を学びに来る技能実習生は増加の一途をたどっており、特定技能制度の運用が開始された後は、さらなる外国人の在留が予想されます。

2　外国人住民と在留資格

（1）在留資格制度の基礎知識

　日本では「在留資格制度」を採用しています（入管法第2条の2）。在留資格制度とは「外国人の本邦において行う活動が在留資格に対応して定められている活動のいずれか一に該当しない限り、その入国・在留を認めないとする仕組み」と説明されます[8]。

　「在留資格とは何か」というのは簡単なようで難しい問題です。諸外国の法制を見ますと、外国人に国の中に入ることを許可することと、滞在して活動することの許可を別に取り扱う例もあります。例えば、ヨーロッパの国々がこの方式を採用していることが多いです。

　日本では、国の中に入ることの許可（上陸許可といいます。）がされる際に、あわせて在留資格の決定がなされるという仕組みになっています（入管法第6条第2項、同法第7条第1項第2号、同法第9条第3項）。

　そして、外国人が在留資格に基づき日本に在留することができる期間である在留期間は在留資格ごとに規定されています（入管法第2条の2第3項、同法施行規則第3条、同法施行規則別表第二）。そのため、在留資格とそれに対応する在留期間は一体のものとして制度がつくられているといえます。

　このような在留資格制度の仕組みから、日本の入管法は、外国人が日

---

[8]　齋藤利男＝坂中英徳『出入国管理及び難民認定法逐条解説改訂第四版』58頁

本に在留する際に、原則として、一人一つの在留資格を有する制度を採用していると考えられています（一在留一資格の原則、または、一在留一在留資格の原則）[9]。この一在留一資格の原則があるため、例えば「技能実習」の在留資格と「留学」の在留資格を同時に有するといったことはできません。

（2）在留資格の種類

　2019（平成31）年4月以降、日本では29種類の在留資格が存在します（入管法別表第一および第二）。この在留資格を、典型的な該当例、在留期間、就労の可否、上陸許可基準の存否についてまとめたのが次の表です。

表：在留資格一覧

在留資格	該当例	在留期間
入管法別表第一の一 在留資格の範囲で就労可・上陸許可基準の適用なし		
外交	外国政府の大使、公使、総領事、代表団構成員等およびその家族	外交活動の期間
公用	外国政府の大使館・領事館の職員、国際機関等から公の用務で派遣される者およびその家族	5年、3年、1年、3月、30日または15日
教授	大学教授等	5年、3年、1年または3月
芸術	作曲家、画家、著述家等	5年、3年、1年または3月
宗教	外国の宗教団体から派遣される宣教師等	5年、3年、1年または3月
報道	外国の報道機関の記者、カメラマン	5年、3年、1年または3月

---

[9] 東京地判平成4年3月9日行政事件裁判例集43巻3号298頁、東京高判平成4年9月16日行政事件裁判例集43巻8・9号1165頁、名古屋高判平成15年8月7日、名古屋地判平成17年2月17日判例タイムズ1209号101頁等

入管法別表第一の二 在留資格の範囲で就労可・上陸許可基準の適用あり		
高度専門職	ポイント制による高度人材	5年（1号）、無期限（2号）
経営・管理	企業等の経営者・管理者	5年、3年、1年、6月、4月 または3月
法律・会計業務	弁護士、公認会計士等	5年、3年、1年または3月
医療	医師、歯科医師、看護師	5年、3年、1年または3月
研究	政府関係機関や私企業等の研究者	5年、3年、1年または3月
教育	中学校・高等学校等の語学教師等	5年、3年、1年または3月
技術・人文知識・国際業務	機械工学等の技術者、通訳、デザイナー、私企業の語学教師、マーケティング業務従事者等	5年、3年、1年または3月
企業内転勤	外国の事業所からの転勤者	5年、3年、1年または3月
介護	介護福祉士	5年、3年、1年または3月
興行	俳優、歌手、ダンサー、プロスポーツ選手等	3年、1年、6月、3月または15日
技能	外国料理の調理師、スポーツ指導者、航空機の操縦者、貴金属等の加工職人等	5年、3年、1年または3月
特定技能	特定技能外国人	1年、6月または4月ごとの更新（≦通算5年、1号） 3年、1年または6月（2号）
技能実習	技能実習生	法務大臣が個々に指定する期間 （1号：≦1年、2号・3号： ≦2年）
入管法別表第一の三 原則として就労不可・上陸許可基準の適用なし		
文化活動	日本文化の研究者等	3年、1年、6月または3月
短期滞在	観光客、会議参加者等	90日若しくは30日または15日以内の日を単位とする期間

入管法別表第一の四原則として就労不可・上陸許可基準の適用あり		
留学	大学、短期大学、高等専門学校、高等学校、中学校および小学校等の学生・生徒	4年3月、4年、3年3月、3年、2年3月、2年、1年3月、1年、6月または3月
研修	研修生	1年、6月または3月
家族滞在	在留外国人が扶養する配偶者・子	5年、4年3月、4年、3年3月、3年、2年3月、2年、1年3月、1年、6月または3月
入管法別表第一の五類型によっては在留資格の範囲で就労可・上陸許可基準の適用なし		
特定活動	外交官等の家事使用人、ワーキング・ホリデー、経済連携協定に基づく外国人看護師・介護福祉士候補者等	5年、3年、1年、6月、3月または法務大臣が個々に指定する期間（≦5年）
入管法別表第二就労可・上陸許可基準の適用なし		
永住者	法務大臣から永住の許可を受けた者（入管特例法の「特別永住者」を除く。）	無期限
日本人の配偶者等	日本人の配偶者・子・特別養子	5年、3年、1年または6月
永住者の配偶者等	永住者・特別永住者の配偶者および本邦で出生し引き続き在留している子	5年、3年、1年または6月
定住者	第三国定住難民、日系3世、中国残留邦人等	5年、3年、1年、6月または法務大臣が個々に指定する期間（≦5年）

（3）外国人と在留資格

　では、日本に在留する外国人の許可されている在留資格は何が多いのでしょうか。次の表は、2019（令和元）年6月末に法務省が公表した在留資格別外国人数のうち上位10位の在留資格をまとめたものです。

表：上位10位の在留資格（2019年6月末時点）

在留資格	人数
永住者	783,513人
技能実習	367,709人
留学	336,847人
特別永住者	317,849人
技術・人文知識・国際業務	256,414人
定住者	197,599人
家族滞在	191,017人
日本人の配偶者等	143,246人
特定活動	61,675人
技能	40,361人

　また、総務省が「多文化共生推進プログラム」の検討を開始した2006
（平成18）年の在留資格の上位10位をまとめると次のとおりとなります。

表：上位10位の在留資格（2006年）

在留資格	人数
特別永住者	443,044人
永住者	394,477人
定住者	268,836人
日本人の配偶者等	260,955人
留学	131,789人
特定活動	97,476人
家族滞在	91,344人
研修	70,519人
人文知識・国際業務	57,323人
短期滞在	56,449人

　2019（令和元）年と2006（平成18）年では、在留資格の名称が変わっていたり、新しい在留資格ができていたりと、単純に比較を行うことはできません。

　しかし、総務省の2006年報告をひもとくと、2006（平成18）年当時と現在では、来てくれている外国人のバックグラウンドが異なることが理解できます。

　2006年報告書では「1990年に「出入国管理及び難民認定法（入管法）」改定により、日系南米人の来日が促進された。特にブラジル人の増加は著しく、愛知県・静岡県・群馬県等の製造業が盛んな地域においては、この15年あまりの間に、間接雇用の形態による受入れが進んでいる。また、アジアを中心とする国々からは、研修生・技能実習生の受入れが拡大している。このように外国人住民は、人口の伸びとともに、多国籍化が進んでいる。」と記載されています（3頁）。昨今よく耳にすることになった「技能実習生」という単語が出てきますが、「技能実習生」という単語が2006年報告書に出てくるのは、この1箇所だけです。他方で、技能実習生より前に記載されている日本にルーツのある方（「日系」と呼ばれる方）についての記載は多くなされており、2006（平成18）年当時において外国人住民として第一に想定されていたのは日本にルーツのある方であったことが理解できます。

　この背景には、入管法の改正が行われ、日本にルーツのある方が入国しやすくなったという事情があります。1989（平成元）年に成立し、1990（平成2）年に入管法が改正されました。このとき、在留資格が再編され、「定住者」の在留資格が創設されました[10]。そして、同年5月24日に法務大臣の告示によって、南米に渡った日本人の実子やその孫が「定

---

[10] 村下博『外国人労働者問題の政策と法』（117頁、1999年、大阪経済法科大学出版部）

住者」に該当することが明らかにされました[11]。これにより、日本にルーツのある方が「定住者」として日本に就労することが増加したことが背景にあります。

　そのため、2006（平成18）年当時は、上位3位に定住者が位置していました。しかし、その後日本にルーツのある方の受入れは増加せず、2019（令和元）年の表を見ると明らかなとおり、技能実習生の受入れが増加していくことになります。これに伴い、出身国もブラジルを中心とした南米から、ベトナムを中心とした東南アジアが増加していきます。

（4）近時の傾向と2019年入管法改正

　このように、「定住者」を中心とした入管法別表第二のいわゆる身分に基づく在留資格での受入れから、徐々に入管法別表第一の二のいわゆる就労に基づく在留資格による受入れに移行してきています。

　これまで見たとおり、外国人の受入れは、一時期は「定住者」等身分に基づく在留資格での受入れが行われていました。それが、徐々に就労に基づく在留資格にシフトしてきています。その就労に基づく在留資格で活用されてきたのは、専門的・技術的分野の在留資格とされる「高度専門職」や「技術・人文知識・国際業務」等の在留資格です。また、技能等の移転による国際協力を目的とする「技能実習」も徐々に拡大してきています。

　専門的・技術的分野の在留資格を取得できる外国人材を「高度（外国）人材」と呼ぶことがあるように、専門的・技術的分野の在留資格を取得できる外国人材は、ホワイトカラー職や、高度に熟練を重ねた業務を行う者が中心でした。そして、専門的・技術的分野の在留資格は、一部の

---

[11] 髙橋済「我が国の出入国管理及び難民認定法の沿革に関する一考察」（87頁、中央ロー・ジャーナル第12巻第4号（2016））

例外はありますが、産業の現場で作業をするための在留資格ではなく、ホワイトカラー職を行うための在留資格です。

このような産業の現場で作業するための外国人材の受入れを行わない政策は、少なくとも1988（昭和63）年6月17日に閣議決定された第6次雇用対策基本計画から採用されています。同基本計画では「いわゆる単純労働者の受入れについては、諸外国の経験や労働市場を始めとする我が国の経済や社会に及ぼす影響等にもかんがみ、十分慎重に対応する。」として、産業の現場で働く外国人材の受入れには慎重な考えを示してきました。

その後1992（平成4）年に策定された第1次出入国管理基本計画においても、単純労働者の受入れについては慎重な姿勢が示され、その姿勢は、2000（平成12）年に策定された第2次出入国管理基本計画でも維持されています。その後、2005（平成17）年に策定された第3次出入国管理基本計画及び2010（平成22）年に策定された第4次出入国管理基本計画では、高度人材の受入れ拡大について言及されていましたが、産業の現場を支える人材についての政策は示されていませんでした。また、2015（平成27）年に策定された第5次出入国管理基本計画では、「緊急に対応が必要な分野等における外国人の受入れ」として、建設分野等、一部の産業分野についての受入れについて言及がされていましたが、「現行の制度では受け入れていない外国人の受入れは（中略）政府全体での検討が必要である。」とされていて、実際に受入れを行うものではありませんでした。

他方で、2019（平成31）年4月に策定された出入国在留管理基本計画では「深刻な人手不足対策としての外国人材の受入れ」が規定されており、当該施策として「特定技能1号」および「特定技能2号」の在留資格が位置づけられています。

　従前から産業の現場を支えてくれていたのは技能実習生であり、彼ら彼女らは「技能実習」という在留資格で日本に在留しています。技能実習生は、技能水準でいえば、いわばエントリーレベルの人材です。また、その国際協力の推進という制度目的（技能実習法第1条）からも、外国人材を正面から受け入れるための在留資格ではありません。

　そういった専門的・技術的分野の在留資格とエントリーレベル「技能実習」の在留資格の中間に位置する在留資格として設けられたのが、「特定技能1号」です。

　「特定技能1号」は、これまで専門的・技術的分野の在留資格では認められていなかった産業の現場で行う業務について、一定の産業であって一定の業務を行う在留資格として設けられたものであり、いわば中間的な外国人材のための在留資格といえます。

（5）在留資格による活動

　では、「定住者」と「技能実習」の在留資格では何が異なるのでしょうか。

　「技能実習」の在留資格は、入管法別表第一の二の表に含まれる在留資格です。この入管法別表第一の二で規定される在留資格は、入管法第19条第1項で、原則として、当該在留資格で行うことができる活動として別表に定められている活動以外の活動で、報酬を受ける活動を行ってはならないとされます。仮に、入管法第19条第1項に違反して、在留資格で定められた活動以外の活動で報酬を受けた場合、同法第70条第1項第4号又は第73条によって刑罰を科せられる可能性があります。

　この規定から、入管法別表第一の二で規定される在留資格で在留する者は、在留資格で定められている活動の範囲で就労活動を行うことになり、裏返しではありますが、在留資格で定められている活動の範囲を超

えて就労活動を行ってはならないことになります。

　そして、先ほどの一在留一資格の原則も併せて考えると、入管法別表第一の二で規定される在留資格で在留する者は、自己が在留を認められる根拠となっている在留資格の範囲でしか、原則として就労することができないこととなります。例えば「技能実習」の在留資格で在留する外国人材が、専ら、「技術・人文知識・国際業務」の在留資格で行うような通訳の活動を行い、報酬を得れば、資格外活動として入管法第19条第1項に違反することになります。

　他方で「定住者」の在留資格は入管法別表第二に含まれる在留資格です。そのため、入管法別表第一の在留資格に設けられている活動の範囲の制限は、「定住者」の在留資格には適用されません。その結果、いわゆる単純就労も行うことができます。

　このような「定住者」の特性もあり、労働者派遣の形態で製造ラインの比較的練度を要しない作業に従事する者も増加しました。このことは2006年報告書の「製造業が盛んな地域においては、この15年あまりの間に、間接雇用の形態による受入れが進んでいる。」と記載されていることにも現れています。

（6）在留資格の違いによる受入れに関する課題の違い

　このように、2006年報告書で検討された当時は、「定住者」の増加が第一の課題でしたが、現在は、技能実習生等、入管法別表第一の在留資格で在留する者の受入れが課題となっています。

　在留資格が異なることによって外国人住民が直面する課題が異なるかといえば、共通する課題が多いのではないか思います。例えば日本語以外の言語によるコミュニケーション、医療、防災等、共通する点は多いでしょう。

　他方で、「定住者」については配偶者や子どもも在留資格を取得することができるため、子どもの教育という課題があり、当該課題は現在でも課題として存在しています。それに対して、「技能実習」の在留資格や「特定技能」の在留資格の場合、家族の帯同ができません。そのため、子どもの教育という必要性は変わりませんが、課題として直面する数の増加は緩やかになる可能性がある一方で、地域社会への参加や、家族と離れて居住することへのケアの必要性はこれまでより増すことが予想されます。

　また、「定住者」は仕事内容が限定されていなかったため、転職も自由でしたが、「技能実習」の在留資格では勤務先である実習実施者の変更は予定されておらず、原則として転職を行うことはできません。また、「特定技能」で在留する者については転職を行うことは可能ですが、転職を行う都度、在留資格変更許可手続と同様の手続が必要となります（入管法第20条第1項）。「特定技能」の在留資格における在留資格変更許可手続は、必要書類が多く、本人が一人で行うことは容易ではありませんし、転職のハードルは非常に高いものです。このような「技能実習」や「特定技能」の在留資格の特性から、勤務先への従属性が「定住者」より高いと評価することもできます。

　このように、在留資格が異なることにより、必要とされる外国人住民への支援も異なる可能性があり、これまでの多文化共生の取組みに加え、在留資格の特性から生じる支援を検討する必要があるのではないでしょうか。

3　在留資格各論

　次に、外国人住民の在留資格として、今後増加が予想される在留資格について、各在留資格の特徴を簡単に見てみましょう。

（1）「高度専門職」

　「高度専門職」の在留資格は、いわゆる高度人材ポイント制によって
在留資格が許可されるかが判断される在留資格です。高度人材ポイント
制は、さまざまな項目にポイントが配点されており、ポイントを計算し
た結果、基準点以上（70点以上）を満たす高度な外国人材のための在留
資格です。

　想定される事例としては、当該地域への大学に留学をし、当該大学で
修士号以上の学位を得た日本語話者の外国人が、当該地域の企業へ就職
する場合、本在留資格が活用される可能性が高いといえます。

⑴　行う活動内容

　「高度専門職」の在留資格は「高度専門職1号イ」、「高度専門職1号ロ」、
「高度専門職1号ハ」及び「高度専門職2号」のそれぞれが別の在留資
格です（入管法第2条の2）。

　在留資格の活動を簡単にまとめたのが次の表です。

表：高度専門職活動内容一覧

在留資格	活動内容
高度専門職1号イ	「高度学術研究活動」と呼ばれ、主として大学等の機関と契約し、研究教育等を行いながら、関連する事業の経営等を行うことができる在留資格です。
高度専門職1号ロ	「高度専門・技術活動」と呼ばれ、主として日本の企業と契約し、企業で総合職や研究職に就きながら、関連する事業の経営等を行うことができる在留資格です。
高度専門職1号ハ	「高度経営・管理活動」と呼ばれ、主として日本の企業の経営の管理を行いながら、関連する事業の経営等を行うことができる在留資格です。
高度専門職2号	高度専門職1号で行える活動に加えて、他の一定の在留資格で行うことができる業務も包括的に行うことができる在留資格です。

(2)　ポイント制

　高度専門職の在留資格については、他の在留資格と異なるユニークな制度がとられています。すなわち、学歴、職歴、年収、年齢、日本語能力等、さまざまな項目にポイントが配点されていて、合計のポイントが70点以上である場合に、在留資格が付与される仕組みとなっています。

　ポイント制の詳細な配点表が定められており、このポイント表で70点以上となり、高度専門職1号ロ（高度専門・技術活動）及び高度専門職1号ハ（高度経営・管理活動）については年収が300万円以上であれば[12]、高度専門職1号の在留資格が許可されます。

　また、出身大学によってボーナスポイントが加点されます。日本でも100以上の大学が加点対象となっているため、日本に留学経験のある外国人材を採用する際は、「高度専門職」への該当可能性を検討することが望ましいといえます。

（2）技術・人文知識・国際業務

　「技術・人文知識・国際業務」は、専門的・技術的分野の在留資格に区分される在留資格の中では、最も利用されている在留資格です。

　想定される事例としては、地域の大学や専門学校に留学した外国人が、当該地域の企業に就職する場合等です。

(1)　「技術・人文知識・国際業務」の活動内容

　「技術・人文知識・国際業務」における活動内容は、①自然科学の分野に属する技術若しくは知識を要する業務を行う「技術」、②人文科学の分野に属する技術若しくは知識を要する業務を行う「人文知識」およ

---

[12] 法務省入国管理局「高度人材ポイント制Q&A」4～5頁

び③外国の文化に基盤を有する思考若しくは感受性を必要とする業務を行う「国際業務」に区分されます。

(2)　在留資格の特徴

「技術・人文知識・国際業務」は、在留資格で規定されている活動内容からわかるとおり、単純作業を行うことを主たる目的に「技術・人文知識・国際業務」の在留資格の許可を受けることはできません。

（3）企業内転勤

「企業内転勤」の在留資格は、企業活動の国際展開に対応し、人事異動により外国の事業所から日本の事業所へ異動する専門技術者等を受け入れるために設けられた在留資格です[13]。

(1)　在留活動の内容

「企業内転勤」は「技術・人文知識・国際業務」の活動内容と同じ活動内容です。そのため、単純作業を行うことを主たる目的に在留することはできません。

自社の在外子会社等の従業員について、産業・サービスの現場を担う人材について技能等を身につけてもらうために日本に呼び寄せる場合は企業単独型技能実習を活用することになります。

(2)　在留資格の特徴

「企業内転勤」における「転勤」の範囲は、同一法人における外国の事業所から日本の事業所への異動だけではなく、親会社、子会社および

---

[13] 前掲齊藤＝坂中115頁

関連会社間の相互の異動も含まれます[14]。

「転勤」に該当するのは、①本店と支店間の異動、②親会社と子会社間の異動、③子会社等の間の異動および④関連会社への異動です。

（4）特定活動

特定活動の在留資格は、特定活動を除く28類型ある在留資格のいずれの在留資格にも該当しない活動を行う外国人の上陸・在留を認める必要が生じた場合に、柔軟に対応できるようにするために設けられた在留資格です[15]。

「特定活動」には、あらかじめ法務大臣が告示によって定めた類型（以下「告示特定活動」[16]といいます。）と告示に該当しない類型（以下「非告示特定活動[17]」といいます。）が存在します。

特定活動については、2019（令和元）年5月に、新しい類型の告示特定活動が設けられました（「特定活動」（本邦大学卒業者））。この新しい類型の在留資格は、日本に留学経験のある外国人材向けの在留資格であり、かつ、活動範囲がこれまでより広範であるため、今後広く活用されることが予想されます。

（5）技能実習
⑴　技能実習制度の目的・基本理念

技能実習は、技能実習法第1条に「人材育成を通じた開発途上地域等への技能、技術又は知識（省略）の移転による国際協力を推進すること

---

[14] 前掲齊藤＝坂中116頁
[15] 前掲齋藤＝坂中144頁
[16] 当該略語は山脇康嗣『〔新版〕詳説入管法の実務—入管法令・内部審査基準・実務運用・裁判例—』536頁による。
[17] 同上

を目的とする」とあるように、国際協力の推進のための制度です。また、
「技能実習は、労働力の需給の調整の手段として行われてはならない。」
（同法第3条第2項）とあるように、技能実習は、労働力確保のための
制度ではありません。

　誤解を受けやすい制度ですが、技能実習に取り組む上では、働き手不
足のための制度ではなく、技能等の移転による国際協力推進のための制
度であることを理解した上で取り組む必要があるといえます。

(2)　技能実習の種類

　技能実習には大きく区分すると、「企業単独型技能実習」（同法第2条
第2項）と「団体監理型技能実習」（同法第2条第4項）に分けること
ができます。

ア　企業単独型技能実習

　企業単独型技能実習は、日本の機関の海外の事業所等の職員を当該日
本の機関に招聘し、技能等を修得するため、技能実習生が当該日本の機
関で講習を受け業務に従事するという制度です。

　企業単独型技能実習において、技能実習候補者は、「本邦の公私の機
関の外国にある事業所の職員」または「本邦の公私の機関と主務省令で
定める密接な関係を有する外国の公私の機関の外国にある事業所の職
員」であることを要します（同法第2条第2項第1号）。

イ　団体監理型技能実習

　団体監理型技能実習は、日本の営利を目的としない法人（事業協同組
合等）により受け入れられて必要な講習を受けることおよび当該法人に
よる実習監理を受ける日本の機関で業務に従事するという制度です。図

解すると次のとおりとなります。

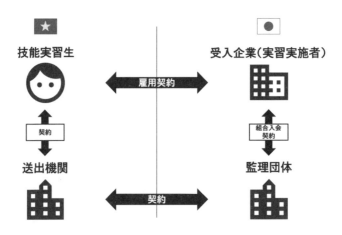

※Apache license version 2.0に基づき配布されている「Material icons」を使用しています。

図：団体監理型技能実習

(ア)　監理団体

　団体監理型技能実習には、不可欠な機関として、監理団体があります。監理団体とは、技能実習法に基づく監理許可を受けて実習監理を行う事業（以下「監理事業」といいます。）を行う日本の営利を目的としない法人のことをいいます（技能実習法第２条第９項・第10項）。

　技能実習法は団体監理型実習実施者等と団体監理型技能実習生等との間における雇用関係の成立のあっせんおよび団体監理型実習実施者に対する団体監理型技能実習の実施に関する監理を行うことを「実習監理」と定義します。そして、許可を受けて実習監理を行う事業を行う本邦の法人を監理団体と呼びます（同法第２条第９項）。

　監理団体の許可を受けられる法人は、事業協同組合等一定の法人に限定されています（同法第25条第１項第１号、同法施行規則第29条第１項）。

(イ)　送出機関

　また、同様に団体監理型技能実習の担い手として、送出機関があります。送出機関とは団体監理型技能実習生になろうとする者からの団体監理型技能実習に係る求職の申込みを適切に本邦の監理団体に取り次ぐことができる者として主務省令で定める要件に適合するものです（同法第23条第2項第6号かっこ書）。

(3)　**技能実習の流れ**

　技能実習は、1年目である第一号技能実習、2年目から3年目である第二号技能実習、そして、一部の業種で認められている4年目から5年目である第三号技能実習として3段階に分けて行われます。第三号技能実習は要件が加算されるので3年目までで修了することも多くあります。

　1年目、2～3年目、4～5年目の期間ごとに技能検定等の試験に合格する必要があり、仕事内容も試験の合格に向けた仕事をするように内容が決められています。

（6）特定技能

(1)　**特定技能制度の枠組み**

　特定技能は、専門的・技術的分野とされる在留資格とも、技能実習制度とも異なる特徴を持つ制度です。特定技能の制度を簡単に図示したのが、次の図です。なお、以下では「特定技能1号」の在留資格について中心的に説明をします。

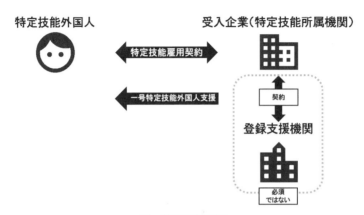

図：特定技能制度

　特定技能制度では、技能実習制度と異なり技能実習制度では実習実施者と技能実習生との間であっせん、監理を行っていた送出機関及び監理団体の関与はなくなりました。そのため、要件さえ満たせば外国人材（特定技能外国人[18]）と受入企業（特定技能所属機関）との二者間だけの契約で完結します[19]。

　二者間で完結できるか否かの一番の分水嶺になるのが、特定技能所属機関が自社で「一号特定技能外国人支援」（入管法第2条の6第6項）を実施できるか否かです。「特定技能1号」で在留する特定技能外国人（以下「一号特定技能外国人」といいます。）に対して、特定技能所属機関は、一号特定技能外国人支援計画を策定し（同法第2条の5第6項）、一号特定技能外国人支援を実施する必要があります（同法第19条の22第1項）。この「一号特定技能外国人支援」を自社でできない場合、その一部を第三者に委託するか、その全部を登録支援機関（同法第19条の27第

---

[18] 入管法第19条の18第2項第1号に同じ。
[19] ただし、送出国との二国間条約によって送出機関の関与が必要な国や場合がある。

1項）に委託することになります（同法第19条の22第2項）。

(2)　特定技能の在留資格の対象

　一号特定技能外国人は、相当程度の知識または経験を必要とする技能を有していることを試験その他の評価方法により証明することが必要であり、一定の日本語能力および技能を有することを試験で確認されます。

　また、この日本語および技能水準に関する試験の合格等については、第二号技能実習を良好に修了している場合には、免除される場合があります。

　この試験等に合格するルート（試験ルート）と、第二号技能実習を修了するルート（技能実習ルート）を図示すると、次のとおりとなります。

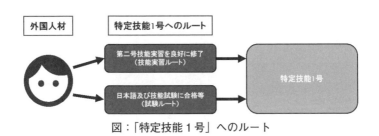

図：「特定技能1号」へのルート

(3)　特定産業分野

　特定技能制度は、働き手が不足する特定の産業分野における働き手不足を解消する制度であるため、受入れが可能な分野が、特定産業分野として定められています。

　「特定技能1号」における特定産業分野は、次の14分野であり、「特定技能2号」における特定産業分野は⑥建設分野、⑦造船・舶用工業分野です（特定産業分野省令）。このうち、一次産業である農業分野及び漁業分野について派遣形態での受入れが可能です。

表：特定産業分野

産業分野	受入人数（人）	派遣の可否	特定技能2号
①　介護分野	60,000	×	―
②　ビルクリーニング分野	37,000	×	―
③　素形材産業分野	21,500	×	―
④　産業機械製造業分野	5,250	×	―
⑤　電気・電子情報関連産業分野	4,700	×	―
⑥　建設分野	40,000	×	○
⑦　造船・舶用工業分野	13,000	×	○
⑧　自動車整備分野	7,000	×	―
⑨　航空分野	2,200	×	―
⑩　宿泊分野	22,000	×	―
⑪　農業分野	36,500	○	―
⑫　漁業分野	9,000	○	―
⑬　飲食料品製造業分野	34,000	×	―
⑭　外食業分野	53,000	×	―
合計	345,150		

（7）家族滞在

　「家族滞在」の在留資格は、一定の在留資格を持って日本に在留する外国人の扶養家族を受け入れるために設けられたものであり、「家族滞在」の在留資格を持って在留する外国人は、その扶養者である配偶者または親が日本に在留する間に限って、日本に在留することができます（審査要領）。

　「家族滞在」の在留資格で在留する者の扶養者となることができる者は、「外交」、「公用」、「特定技能1号」、「技能実習」、「短期滞在」、「研修」、「家族滞在」および「特定活動」以外の別表第一の在留資格を持って在留する者です。「特定技能1号」および「技能実習」の在留資格について、家族帯同を行うことができないと表現されることが多いのは、この「家

族滞在」の在留資格の扶養者となることができないことを意味すること
が多いといえます。

　「家族滞在」で在留する者は、原則として報酬を得る活動を行うこと
ができません（入管法第19条第1項第2号）が、資格外活動の許可を得
た場合、週28時間について報酬を得る活動を行うことができます（同法
施行規則第19条第5項第1号）。

（8）永住者および永住者の配偶者等

　「永住者」の在留資格は、その後の生涯を日本に生活の本拠をおいて
過ごすことが想定されている在留資格であり、在留活動および在留期間
の制限がありません。

　「永住者の配偶者等」の在留資格は、永住者の在留資格を持って在留
する者若しくは特別永住者の配偶者または永住者・特別永住者の子とし
て日本で出生しその後引き続き日本に在留している者のための在留資格
です（審査要領）。

（9）日本人の配偶者等

　日本人の配偶者若しくは民法第817条の2の規定による特別養子また
は日本人の子として出生した者のための在留資格です。

　「日本人の配偶者等」の場合、就労活動においては、原則として制限は
ありませんが、「日本人の配偶者等」としての活動実態が必要となります。

　「日本人の配偶者等」で問題となることが多いのは、夫婦関係の調整
の必要性が生じている場合です（同様の問題は「永住者の配偶者等」で
も生じます。）。「日本人の配偶者等」の在留資格は、上記のとおり「日
本人の配偶者等」としての活動実態が必要となります。そのため、法律
上の婚姻関係が成立していても、同居し、互いに協力し、扶助しあって

社会通念上の夫婦の共同生活を営むという婚姻の実体を伴っていない場合には、日本人の配偶者としての活動を行うものとはいえず、在留資格該当性は認められません（審査要領）。また、社会通念上の夫婦の共同生活を営むといえるためには、合理的な理由がない限り、同居して生活していることを要します（審査要領）。そして、配偶者の身分を有する者としての活動を継続して6月以上行わないで在留している場合、「正当な理由」があるときを除き、在留資格取消しの対象となります（入管法第22条の4第1項第7号）。このような場合につき、2012（平成24）年7月付法務省入国管理局「配偶者の身分を有する者としての活動を行わないことに正当な理由がある場合等在留資格の取消しを行わない具体例について」により、「正当な理由」に該当する場合が公表されており、最終的には個別具体的に判断されるものですが、在留資格の取消しとならない場合もあります。

(10) 定住者

「定住者」の在留資格は、他のいずれの在留資格にも該当しないものの、我が国において相当期間の在留を認める特別な事情があると法務大臣が判断した者を受け入れるために設けられたものです（審査要領）。

定住者告示により、いわゆる難民の第三国定住や、日本にルーツのある者についての類型等が規定されています。

4 行政の役割

最後に、法制度から窺うことができる行政に期待される役割について概観します。

（1）外国人材の受入れと「共生」の施策

　特定技能制度が創設する際に、外国人材の受入れのためそして外国人材等との共生のため、2018（平成30）年12月25日に開催された第3回外国人材の受入れ・共生に関する関係閣僚会議において「外国人材の受入れ・共生のための総合的対応策」（総合的対応策）が示されました。総合的対応策では、合計126の具体的施策と、211億円という実効力ある予算が示されており、文字通り全省庁が関わるものとなっています。

　それに続き、2019（令和元）年6月18日に開催された第5回「外国人材の受入れ・共生に関する関係閣僚会議」においては、「外国人材の受入れ・共生のための総合的対応策の充実について」が決定され、総合的対応策のさらなる充実や、特定技能の産業分野の追加の検討が記載されています。

　さらに、2019（令和元）年12月20日に開催された第6回「外国人材の受入れ・共生に関する関係閣僚会議」において、「外国人材の受入れ・共生のための総合的対応策（改訂）」が決定されました。

　これらの総合的対応策は、文字通り関与しない省庁はなく、また、地方自治体の関与も明記されたものとなっており、広範な領域で行政が担う役割が定められています。

（2）具体的な対応

　では、地方公共団体はどのような課題に向き合っていったらよいのでしょうか。まず、これまでの多文化共生での検討を踏まえると、コミュニケーション支援、生活支援、多文化共生の地域づくり、防災ネットワークづくり、情報基盤整備等について、新しい在留資格で在留する外国人材についても、そういった支援等が十分に展開されるように制度を再構築する必要があるといえます。

　そういった課題について、地方公共団体が期待されている役割は大きいといえます。2018（平成30）年12月25日に決定された総合的対応策の中でも「地方公共団体」という単語は37回登場し、生活情報の提供、相談窓口の設置、教育等多様な役割を期待されています。また、日本語教育推進法においても、地方公共団体の責務（同法第5条）、地方公共団体の基本方針（同法第11条）等が規定されています。このように地方公共団体の役割は、広範かつ重要なものになっているのは疑いがありません。

　このような広範な役割を担うことは、地方公共団体において大きな負担となる面もあるように思います。しかし、日本の少子高齢化に伴う働き手不足は深刻であり、住民も減少する地域が多くなると予想されます。そのような中にあって、新しい住民が来てくれる機会であることも事実だと思います。特に、2020（令和2）年現在においては、過去から積み上げてきた多文化共生社会へ向けたさまざまな取組みの知見があります。例えば、一部の集住地域とされてきた地域では、多言語化された住民向けパンフレットの作成等、具体的な取組みがなされています。こういった先例や知見を生かし、内なる国際化を推進して、真の意味での多文化共生社会の推進を行うことが、地方公共団体の課題になるのではないでしょうか。

第2章

外国人住民の生活相談 Q&A

1　入国と住民票

$Q1$　外国人が日本に入国すると、どのような手続をするのですか。

> A　次のようになります。（出典：出入国在留管理庁ＨＰ）

解　説

新しい在留管理制度の手続

出入国港で

↓　旅券に上陸許可の証印をするとともに、上陸許可によって中長期在留者となった方には在留カードが交付されます。

市区町村で

住居地の（変更）届出

新たに来日された方

出入国港において在留カードが交付された方（注）は、住居地を定めてから14日以内に、在留カードを持参のうえ、住居地の市区町村の窓口でその住居地を法務大臣に届け出ることが必要です。
（注）旅券に「在留カードを後日交付する」などの記載がなされた方を含みます。その場合には、当該旅券を持参のうえ手続をします。
＊在留資格変更許可等を受けて新たに中長期在留者となった方についても、同様に、住居地の届出が必要になります。

引越しをされた方

中長期在留者の方が、住居地を変更したときは、変更後の住居地に移転した日から14日以内に、在留カードを持参のうえ、移転先の市区町村の窓口でその住居地を法務大臣に届け出ることが必要です。

地方入国管理官署で

居住地以外の（変更）届出

○氏名、生年月日、性別、国籍・地域の変更届出
○在留カードの有効期間更新申請
　（永住者・16歳未満の方）
○在留カードの再交付申請
　（在留カードの紛失、盗難、減失、著しき損又は汚損等をした場合）
○所属機関・配偶者に関する届出
　（就労資格や「留学」等の学ぶ資格、配偶者としての身分資格で在留する方）

在留審査

在留期間更新許可、在留資格変更許可等の際、中長期在留者の方には新しい在留カードが交付されます。

Q2 外国人住民にも住民票ができたそうですが、以前とどう変わったのですか。

A 2012（平成24）年 7 月 9 日以降、原則 3 か月以上在留する外国人について「外国人登録制度」から「住民基本台帳制度」に変わりました。日本人と同じように、住民票がつくられます。これまでの「外国人登録証明書」に替わり、「在留カード」（中長期在留者の方）、「特別永住者証明書」（特別永住者の方）が交付されるようになりました。

住民票の情報によりさまざまな行政手続と行政サービスが提供されるので、利便性が向上しました。

解　説

「在留カード」と「特別永住者証明書」

外国人住民の登録方法が、2012（平成24）年 7 月 9 日以降、これまでの「外国人登録制度」から「住民基本台帳制度」に変わりました。これは、「出入国管理及び難民認定法及び日本国との平和条約に基づき日本の国籍を離脱した者等の出入国管理に関する特例法の一部を改正する等の法律」「住民基本台帳法の一部を改正する法律」が同日から施行されたためです。

これまでの「外国人登録証明書」に替わり、「在留カード」（中長期在留者の方）、「特別永住者証明書」（特別永住者の方）が交付されるようになりました。

この新たな在留管理制度は、法務大臣が外国人の在留管理に必要な情報を継続的に把握するために導入された制度ですが、これにより、適法に在留する外国人の利便性がさらに向上することとなりました。

新しいカードと証明書

種　　類	交付対象者	交付手続場所	記載項目等
在留カード	中長期在留者	入国管理局	氏名、生年月日、性別、国籍・地域、住居地、在留資格、在留期間（満了日）、許可の種類、許可年月日
特別永住者証　明　書	特別永住者	従前どおり市区町村	氏名、生年月日、性別、国籍・地域、住居地

※これらのカードにはICチップが搭載されており、有効期限があります。いずれも、交付者は法務大臣です。在留カードに記載される氏名は、アルファベット表記が原則ですが、漢字（正字※）表記を併記することができます。外国人登録証明書に記載されていた「通称名」については、記載されません。
※法務省の告示により、正字の範囲および表記原則等が規定されています。

Q3　入国したすべての外国人が住民票をつくるのですか。

A　観光目的など短期滞在者等は対象ではありません。適法に3か月を超えて在留する外国人で、住所を有する次の方が対象となります。①日本に在留資格を持って在留する外国人として入国管理局から在留カードを交付されている方、②特別永住者（特別永住者証明書交付対象者）、③一時庇護許可者または仮滞在者、④出生による経過滞在者または国籍喪失による経過滞在者

解　説

住民基本台帳制度の適用対象者

　住民票に記載される外国人、記載されない外国人は、次の表のとおりです。

住民票に記載される外国人	■観光目的など短期滞在者等を除く、適法に3か月を超えて在留する外国人の方で、住所を有する方	
	中長期在留者（在留カード交付対象者）	日本に在留資格を持って在留する外国人で、入国管理局から在留カードを交付されている方
	特別永住者（特別永住者証明書交付対象者）	入管特例法に定められている特別永住者の方 ※特別永住者証明書が交付されます。
	一時庇護許可者または仮滞在者	入管特例法の定めにより、難民の可能性のある方で、一時的に上陸を許可された方。また、難民認定申請をした不法滞在者について、難民認定手続を進める上で、仮の滞在を許可された方

	出生による経過滞在者または国籍喪失による経過滞在者	出生または日本国籍の喪失により、日本に在留することとなった外国人の方 入管法の規定により、当該事由が生じた日から60日限り、在留資格を有することなく在留することができます。
住民票に記載されない外国人	①3か月以下の在留資格が決定された方 ②短期滞在の在留資格が決定された方 ③外交または公用の在留資格が決定された方 ④その他、法務省令で定めるものに該当する方 ◇適法な在留でない方（不法滞在、オーバーステイなど）や届出している住所に実際には住んでいない方	

◆在留資格の変更等で自動削除

　住民登録した外国人住民でも、「短期滞在」へ在留資格が変更になった場合や3か月以下の在留資格へ変更になった場合、不法残留の状態になった場合には、自動的に住民登録から消除されます。

$Q4$　外国人住民の住民票と日本人の住民票に違いはありますか。

> A　外国人住民の住民票には日本人と共通項目以外に、外国人住民となった日、国籍・地域、通称などの記載があります。

解　説

住民票の記載事項

　住民票の記載項目　住民票に記載される項目は、次の表のとおりです。外国人登録制度とは、記載の項目が異なります。

区　分		住民票の記載事項	
日本人と外国人の共通項目		氏名、生年月日、性別、住所、世帯主の氏名、続柄、転入届出の年月日、従前の住所等	
外国人特有の項目	中長期在留者等	外国人住民となった日、国籍・地域、通称	中長期在留者等である旨、在留カード等に記載されている在留資格、在留期間、在留期間の満了の日、在留カード等の番号
	特別永住者		特別永住者である旨、特別永住者証明書に記載されている特別永住者証明書の番号、通称
	出生または国籍喪失から60日以内の方	外国人住民となった日、通称	出生による経過滞在者または国籍喪失による経過滞在者である旨

◇住民票は、原則として「在留カード」「特別永住者証明書」表面の記載項目を基に記載されます。

Q5　外国人住民の住民票がつくられたことで、どのようなメリットがありますか。

A　各法律に基づく要件、確認方法などの手続と給付がより確実、スムースに受けられるようになり、新規入国の際、1回の手続で済むようになりました。また、外国人登録では、紙の原票による管理でしたが、住民票システムによる管理に変わったため、手続や時間の短縮など利便性が向上しました。

解　説

住民登録に基づく主な行政サービス（住民登録のメリット）

（1）住民票をもとに手続
　次の法律に基づく要件、確認方法などの手続と給付がより確実、スムースに受けられるようになりました。
・国民健康保険（国民健康保険法）
・後期高齢者医療制度（高齢者の医療の確保に関する法律）
・介護保険（介護保険法）
・国民年金（国民年金法）
・児童手当（児童手当法）　　　　など
　なお、要件確認方法が「外国人登録」から「住民基本台帳」へ変更されましたが、住民票に移行されなかった外国人でも、各制度の判断により、継続して行政サービスを受けられるように措置を講じたことから、混乱なく対応できた自治体もあります（東京都新宿区等）。

（2）外国人の手続の簡素化

① 新規入国の際、1回の手続で済みます。

　　外国人登録では、登録申請日の2週間後に再び入国管理局を訪問し、外国人登録証明書（カード）の受取りが必要でしたが、制度改正後は、市区町村への転入手続の際に、入国時に交付された在留カードを提示し、裏面に住所を記載すれば完了です。

② 手続にかかる時間が短縮されました。

　　外国人登録では、紙の原票に手書きで処理していましたが、制度改正後はシステム化されている住民記録事務に移行したため処理が速く、待ち時間が短くなりました。

③ 住所以外の変更手続が不要になりました。

　　外国人登録では、居所以外に登録事項があり、変更が生じた場合は手続が必要でしたが、制度改正後は、住民基本台帳法が適用され、出生、婚姻等の届出を受理した市区町村が、住所地に変更を通知する扱いになりました。

④ 住民票で居住関係を証明できるようになり、証明書も取得しやすくなりました。日本人との複数国籍世帯の場合でも、住民票だけ取得すれば世帯全員の証明ができるようになりました。また、自動交付機、郵送請求、広域交付などでも、証明書が取得できるようになりました。

⑤ 住民異動届が、代理人でも手続できるようになりました。

⑥ 紙の外国人登録原票での管理ではなく、電子的管理に変わったため、本庁以外の出張所等でも外国人住民の住民異動届ができるようになりました。

⑦ 外国人登録原票・外国人登録証明書（カード）が廃止され、写真の添付が不要になりました。

（3）住民票への移行で新たな必要も

①　新規入国時など、「家族関係を証明する書類」が必要となりました。

　　外国人登録では、最初の登録時は申請書の記載に基づき登録していましたが、住民票に記載する際は、世帯主との続柄を証明する書類の提示が求められるようになりました（外国人には日本国に戸籍がなく、世帯主との続柄の確認ができないことから、本国で発行する家族に関する証明書で確認する必要があります。）。

②　「住所」に係る規定が厳格となりました（「居所」の登録から「住所」の登録へ）。

　　原則としてホテル等の「居所」では住所として住民票に登録できません（外国人登録では、住所は本国にあるとの考え方から、日本国内では居所としての登録であったため、ホテル等の一時滞在地でも登録することができました。）。

③　在留カード等へ「通称」が記載されなくなりました。

　　通称のある方は在留カード1点では通称による本人確認ができなくなりました（廃止された外国人登録証明書には通称が記載されていました。）。

④　他自治体への転出・出国時に住民票の異動の手続が必要となりました。

　　以前の外国人登録では、転出および出国時の手続は必要なく、転入時のみ手続すれば済んでいました。

（4）行政としても効率化が進む

①　紙の外国人登録原票が廃止され、手書き処理からシステム処理に移行しました。

　　・自治体の窓口では、本庁以外の出張所等でも手続ができるようにな

りました。

・転入時に転出証明書が必要になったことから、自治体間での原票の
　やり取りが不要となり、原票待ちや未着の状態が解消されました。
　また、自治体間の情報連携が迅速になりました。

・法務省と自治体間の通知（電子）により情報連携が強化され、正確
　性も確保できるようになりました。

・外国人住民と日本人の窓口を一本化でき、職員の集中投入が可能と
　なったことで、繁忙期も機動的な窓口対応が可能となりました。

② 　外国人住民の「住民記録」の正確性が増しました。

・日本人との複数国籍世帯も、住民票で管理できるようになりました。

・転出・出国の手続が定められ、適切に管理できるようになりました。

・住民基本台帳法の実態調査の対象になり、居住実態が把握しやすく
　なりました（一方で、外国人特有の居住実態によるもの、例えば同
　室に多人数が登録や又貸しなど、また、再入国許可により出入国を
　繰り返す場合など、実態把握に時間を要することもあります。）。

③ 　いっそうの周知も必要となります。

　外国人住民制度改正への理解、法令順守の促進のため、より一層の周
知の強化が必要です。具体的には、みなし在留カードからの切替勧奨の
ための周知（特別永住者等）、転入・転出時における在留カード等の持参、
再入国許可等を受けて一定期間出国する場合は住民基本台帳法に基づく
転出届も必要であること等、周知を強化・徹底する必要があります。

（新宿区『第6次出入国管理政策懇談会』資料参照）

Q6　特別永住者の氏名・生年月日・国籍地域・性別の変更はどのようにすればよいですか。

A　氏名・生年月日・国籍地域・性別が変わった場合は、変更を生じた日から14日以内に申請してください。市区町村では、同時に特別永住者証明書をつくり直す手続を行います。

解　説

■手続をする方

[1] 16歳以上の特別永住者（本人）

[2] 申請人から依頼を受けた16歳以上の同居の親族

[3] 法定代理人（親権者・未成年後見人・成年後見人）

[4] 申請人または代理申請義務者から依頼を受けた弁護士もしくは行政書士（地方入国管理局長から交付される「申請取次者証明書」の提示が必要になります。）（申請書には申請人または代理申請義務者の署名が必要になります。）

[5] 本人が16歳未満である場合または疾病その他の事由により自ら申請を行うことができない場合は次の(1)、(2)の方

(1)　16歳以上の同居の親族

(2)　非同居の親族、親族以外の同居者またはこれらに準ずる方で法務大臣が適当と認める方（老人ホームの職員・児童福祉施設の職員等社会通念に照らし適当と考えられる方）

■手続に必要なもの

◇氏名・生年月日・国籍地域・性別が変わったことを証明する文書〔旅券（パスポート）等〕（旅券以外の場合は日本語訳をつけてください。）

◇写真1枚（16歳未満の方は不要）（縦4cm×横3cm　最近3か月

　以内に撮影した無帽正面向きの顔写真）

◇特別永住者証明書（在留カードへ切り替える前の方は外国人登録証
　明書）

■受付窓口　　市区町村の窓口

Q 7　外国人住民の「住居地届」とは、なんですか。どのようにするのですか。

> **A**　外国人住民の方は、日本国内において初めて住居地を定めたとき、または日本国内において住居地が変わったときは「住居地の届出」をしなければなりません（「出入国管理及び難民認定法」および「日本国との平和条約に基き日本の国籍を離脱した者等の出入国管理に関する特例法」）。
>
> 　ただし、異動する方の在留カードまたは特別永住者証明書を提出して転居届や転入届等の住民基本台帳上の届出を行った場合は、「住居地の届出」を住民基本台帳上の届出と一緒に行うことができます。
>
> 　住居地の届出をすると、在留カードまたは特別永住者証明書の裏面に新しい住所が記載されます。

解　説

■届出できる方
 ・原則として本人または同一世帯の方
 ・代理人に委任することもできます（委任状が必要です。）。
■届出期間
 ・住居地を定めてから14日以内
 ※引っ越す前（住み始める前）には届出できません。
■届出に必要なもの
 ・在留カードまたは特別永住者証明書（在留カード等へ切り替える前の方は、外国人登録証明書）
■受付窓口　　市区町村の窓口

Q8　特別永住者証明書を交付してほしいのですが。

A　市区町村の窓口で手続できます。

解　説

外国人登録制度が廃止されて、2012（平成24）年7月9日から特別永住者の方には外国人登録証明書に代わって、『特別永住者証明書』が交付されています。

なお、現在持っている外国人登録証明書は次回確認（切替）申請期間まで特別永住者証明書とみなされます（ただし施行日から3年以内に切替申請期間が来る場合、施行期日から3年間特別永住者証明書として使用できます。）。

■申請できる方

［1］16歳以上の特別永住者（本人）

［2］申請人から依頼を受けた16歳以上の同居の親族

［3］法定代理人（親権者・未成年後見人・成年後見人）

［4］申請人または代理申請義務者から依頼を受けた弁護士もしくは行政書士（地方入国管理局長から交付される「申請取次者証明書」の提示が必要になります。）（申請書には申請人または代理申請義務者の署名が必要になります。）

［5］本人が16歳未満である場合または疾病その他の事由により自ら申請を行うことができない場合は次の⑴、⑵の方

　⑴　16歳以上の同居の親族

　⑵　非同居の親族、親族以外の同居者またはこれらに準ずる方で法

務大臣が適当と認める方（老人ホームの職員・児童福祉施設の職
員等社会通念に照らし適当と考えられる方）

■必要なもの

・特別永住者証明書交付申請書

・写真1枚（16歳未満の方は不要）（縦4cm×横3cm　最近3か月以
内に撮影した無帽正面向き顔写真）

・旅券（所持している方のみ）

・特別永住者証明書（在留カードへ切り替える前の方は外国人登録証
明書）

■受付窓口　　市区町村の窓口

Q9 特別永住者証明書の更新・再交付申請はどうするのですか。

A 特別永住者証明書を紛失したり、盗難にあったときや有効期限が切れそうなときは再交付の申請が必要です。また、ひどく汚れたり、割れたりした場合も特別永住者証明書をつくり直すことになります。

なお、所持する特別永住者証明書の交換を希望するときは、新たな特別永住者証明書の交付を受けることができます（本人の都合による理由により再交付を求めるときは、手数料がかかります。）。

解　説

■申請期間

＜有効期間更新の場合＞

・有効期間の満了日の2か月前から有効期間の満了日まで（有効期間の満了日が16歳の誕生日の方は6か月前から申請できます。）

＜紛失の場合＞

・紛失・盗難によって特別永住者証明書を失ったことを知ったときから14日以内

・紛失・盗難の場合には、まず、必ず最寄りの警察署か交番に紛失・盗難にあったことを届け出てください。再交付申請時に、遺失物届・盗難届の受理番号を聞かれますので、受理番号のメモなども持っていきましょう。

＜汚損・き損の場合＞

・特別永住者証明書を汚したり、割ったりした場合には、なるべく早く手続をしてください。

＜本人の都合による場合＞

・特別永住者証明書は手数料を納付して新しい特別永住者証明書の再交付を受けることができます。

・交換希望に正当な理由がない場合、再交付されないことがあります。

■手続をする方

[1] 16歳以上の特別永住者（本人）

[2] 申請人から依頼を受けた16歳以上の同居の親族

[3] 法定代理人（親権者・未成年後見人・成年後見人）

[4] 申請人または代理申請義務者から依頼を受けた弁護士もしくは行政書士（地方入国管理局長から交付される「申請取次者証明書」の提示が必要になります。）（申請書には申請人または代理申請義務者の署名が必要になります。）

[5] 本人が16歳未満である場合または疾病その他の事由により自ら申請を行うことができない場合は次の(1)、(2)の方

(1)　16歳以上の同居の親族

(2)　非同居の親族、親族以外の同居者またはこれらに準ずる方で法務大臣が適当と認める方（老人ホームの職員・児童福祉施設の職員等社会通念に照らし適当と考えられる方）

■必要なもの

・旅券（パスポート）（有効な旅券のある方は必ずお持ちください。）

・写真1枚（16歳未満の方は不要）（縦4cm×横3cm　最近3か月以内に撮影した無帽正面向きの顔写真）

・遺失物届・盗難届の受理番号がわかるもの（特別永住者証明書を紛失・盗難された方はお持ちください。）

■受付窓口　　市区町村の窓口

Q 10 在留資格変更等に伴い中長期在留者以外の方が中長期在留者となった場合、どうすればよいですか。

> *A* 中長期在留者となった方は、変更後の住居地に移転した日から14日以内に、在留カード等を持参し、変更後の住居地の市区町村の窓口でその住居地を法務大臣に届け出なければなりません。

解　説

　在留資格変更等に伴い中長期在留者以外の方が中長期在留者となった場合は、変更後の住居地に移転した日から14日以内に在留カード等を持参し、変更後の住居地の市区町村の窓口でその住居地を法務大臣に届け出なければならないことになっています。なお、在留カード等を提出して住民基本台帳制度における転入届または転居届をしたときは、これらの届出が住居地の届出とみなされます。

■届出できる方

　・本人または同一世帯の方

　・代理人に委任することもできます（委任状が必要です。）。

■届出期間

　・中長期在留者等となった日から14日以内

■届出に必要なもの

　・在留カード

■受付窓口　　市区町村の窓口

Q 11 子どもが生まれた、または日本国籍を喪失した場合などの特別永住許可申請について教えてください。

A 両親またはいずれか一方が特別永住者の場合、特別永住許可の申請を行うことにより、特別永住許可を受けることができます。

解説

特別永住許可申請は、出生や国籍喪失など、上陸の手続を経ることなく日本に在留することとなった場合、出生の日や国籍喪失の告示日から60日以内であれば、市区町村の窓口で申請を行うことができます。

なお、期限を経過した場合や海外で出生し、日本に上陸した場合などは入国管理局で申請する必要がありますので、ご注意ください。

また、日本での在留を希望しているものの、特別永住許可の申請を行わない方については、出生や国籍喪失等事由が生じた日から30日以内に入国管理局に在留資格の取得の申請をしてください。

<子どもが生まれた場合>

生まれた日から60日以内であれば、市区町村の窓口で特別永住許可申請を行うことができます。なお、出生後61日を経過し、特別永住許可等の在留資格を取得していない場合、住民登録が抹消され、国民健康保険や児童手当などの各種行政サービスが受けられなくなる場合がありますのでご注意ください。

<日本国籍を喪失した場合>

国籍喪失の告示日から60日以内であれば、市区町村の窓口で特別永住許可申請を行うことができます。なお、国籍喪失後61日を経過し、特別永住許可等の在留資格を取得していない場合、住民登録が抹消され、国

民健康保険や児童手当などの各種行政サービスが受けられなくなる場合がありますのでご注意ください。

■申請できる方

　・親権者または未成年後見人（本人が16歳未満の場合）

　・本人（本人が16歳以上の場合）

■申請期間

　・出生の日または国籍喪失の告示日から60日以内

■申請に必要なもの

　・特別永住許可申請書

　・出生届記載事項証明書または出生届受理証明書　（出生の場合のみ）
　　※出生届受理証明書の場合は、子の氏名、生年月日のほかに出生地、父母の氏名、性別の記載があるものが必要です。

　・除籍全部事項証明書、法務局からの通知書「日本国籍の離脱について」等日本国籍を離脱または喪失したことを証する資料等　（国籍喪失の場合のみ）

　・実父母いずれかの特別永住者証明書　（特別永住者証明書に切り替えしていない方は外国人登録証明書）

　・旅券（所持する場合のみ）

　・写真１枚（最近３か月以内に撮影されたもの。縦４cm×横３cm）
　　※16歳未満の方は不要です。

■受付窓口　　市区町村の窓口

$Q\,12$ 外国人住民の印鑑登録について教えてください。

A 日本ではサインと同じ意味で契約の場合などに印鑑が用いられています。外国人住民の場合も実印として印鑑登録をすることができます。

解　説

　印鑑は、通常ハンコ店に注文してつくってもらい、市区町村に自分の印影として登録しておくことができます。必要に応じて、その印影が登録済みであることを証明する印鑑登録証明書を請求できます。

■登録できない印鑑

- ・住民票に記録されている氏名、氏、名、通称または氏名、通称の一部を組み合わせた文字で表していないもの
- ・職業、資格などほかの事項をあわせて表しているもの
- ・ゴム印その他の印鑑で変形しやすいもの
- ・印影の大きさが一辺 8 mmの正方形に収まるもの、または一辺25mmの正方形に収まらないもの
- ・印影が不鮮明なもの、文字の判読の困難なもの
- ・凹凸が逆転しているもの
- ・そのほか登録するのに適当でないもの（例：外枠がない、欠けている、一般に売られている印鑑など）

■印鑑登録の方法

　登録する印鑑と、有効期限内の在留カードまたは特別永住者証明書（外国人登録証明書）等を持参して、本人が市区町村の窓口に申請してください。その日のうちに登録ができます。年齢制限（満15歳以上の方）な

ど、一定の登録制限があります。

　有効期限内の在留カードまたは特別永住者証明書(外国人登録証明書)等を持参しなかった場合や、委任状を持参した代理人が申請する場合は、照会書を本人の自宅に郵送します。到着後、本人か代理人が、次のものを持って申請した窓口に出向きます。

　・回答書

　・登録する印鑑

　・本人確認できるもの

※代理人の場合は、登録する本人の本人確認書類のほかに、委任状と代理人の本人確認ができるものが必要です。また、代理人の印鑑も必要です。

　登録完了後、印鑑登録証（カード）が交付されます。交付手数料がかかる場合もあります。

■印鑑登録証明書

　印鑑登録証明書が必要な方は、印鑑登録証（カード）を持参し、窓口で請求してください。交付手数料がかかります。自治体により異なります。

　印鑑登録証明書は、コンビニなどで受け取ることができるサービスを実施しているところもあります。

■届出が必要な場合（印鑑登録）

　①印鑑をなくしたり、登録の必要がなくなったとき→印鑑登録廃止届

　②印鑑登録証をなくしたり、盗難・焼失したとき→印鑑登録証亡失届

　③印鑑登録証が汚損、き損等で使用できなくなったとき→印鑑登録証引替交付申請

■市区町村外へ転出する場合

　印鑑登録をしている方が転出する場合は、印鑑登録証を返還します。

なお、新住所地で新たに印鑑登録の手続が必要です。

■出国した場合

　印鑑登録をしている方が出国した場合は、印鑑登録は出国をもって抹消されます。

　再び同じ住所に転入しても、新たに印鑑登録の手続が必要です。

■住民票が作成されない方

　短期滞在者の方や不法滞在者など、住民票が作成されない場合は、印鑑登録の対象になりません。

（総務省、出入国在留管理庁および各自治体のHP参照）

2　保育・子育て支援

（1）妊娠・出産・乳児検診

Q 13 妊娠したらどうすればよいですか。

> **A** 妊娠された方は、住民登録のある市区町村に「妊娠の届出」をします。窓口で妊娠届を提出すると、国籍や年齢にかかわらず、その場で母子健康手帳が交付されます。

解説

「妊娠した者は、厚生労働省令で定める事項につき、速やかに、市町村長に妊娠の届出をするようにしなければならない」（母子保健法第15条）とされています。妊娠届はなるべく早めに（できれば11週までに）出したほうがいいでしょう。そして、市区町村は、妊娠の届出をした方に、母子健康手帳を交付しなければなりません。

母子健康手帳には、妊娠期から乳幼児期まで、妊婦健康診査や乳幼児健康診査など各種の健康診査や訪問指導、保健指導の母子保健サービスを受けた際の記録や、予防接種の接種状況が記録されます。保健医療関係者が母子保健サービスを行う場合でも、これまでの記録を参照するなどして、継続性・一貫性のあるケアを提供できるメリットがあります。また、母子健康手帳には、妊娠期から乳幼児期までに必要な知識が記載されていますので、たいへん参考になります。

なお、外国人住民の多い市区町村では、独自に外国語版の母子健康手帳を作成、または、民間会社作成の多言語の手帳を活用・配布している

例もあります。

■届出に必要なもの
・妊婦の個人番号を確認できるもの…通知カード、個人番号の表示が
ある住民票、個人番号カードなど（わからない場合等は、市区町村
が番号を確認し記入します。）
・届出者の本人確認ができるもの…運転免許証、パスポート、在留カー
ド、身体障害者手帳、精神障害者保健福祉手帳、個人番号カード等
・委任状(妊婦本人と同一世帯の方以外が代理申請する場合のみ必要)
・上記の他に、妊娠週数、分娩予定日、診断を受けた医療機関名・所
在地がわかるものを持っている場合は持参します。
■届出先　　市区町村の母子保健担当窓口など

Q *14* 出産までの妊婦健康診査に補助はありますか。

> **A** ほとんどの市区町村では住民登録のある妊婦の方に、母子健康手帳の交付とともに、妊婦健康診査費用を一部助成する「妊婦健康診査受診票複数回分」と「妊婦超音波検査受診票」「妊婦子宮頸がん検診受診票」などを補助しています。受診票は自治体との契約医療機関で使用できます。

解　説

妊婦が出産までに妊婦健康診査を受診する回数は、下記のとおり14回程度が望ましいとされています。妊婦健康診査を積極的に受診して安全で安心な出産に備えましょう。

■妊婦健康診査の目安

妊娠週数	健診回数
妊娠初期〜妊娠23週	4 週間に 1 回
妊娠24週〜妊娠35週	2 週間に 1 回
妊娠36週以降分娩まで	1 週間に 1 回

受診券・票を受け取る際に、次のものが必要になります。

・母子健康手帳の表紙のコピー

・母子健康手帳の妊娠の経過が記載されているページのコピー

・当該妊婦健康診査に係る領収書（受診した場合）

なお、転出・転入後の受診券・受診票の取扱いについては、各市区町村で異なります。

$Q\,15$ 出産を迎える前に、必要な知識や準備を教えてほしいのですが。

> A　ほとんどの市区町村で「パパママ準備教室」（名称はさまざま）などを開いています。夫婦で参加でき、安心して出産を迎えることができます。

$Q\,16$ 出産後、乳児の様子を見て、相談にのってほしいのですが。

> A　生後4か月までに、乳児のいるすべての家庭を対象に「乳児家庭全戸訪問事業」を行い、乳児とその保護者の心身の状況、養育環境の把握を行うとともに、子育てに関する情報の提供、養育についての相談に応じ、助言その他の支援を行っています。もちろん、これ以外にも、市区町村の母子健康担当や保健センターなどで相談に応じています。

解　説

　「乳児家庭全戸訪問事業」は、児童福祉法第6条の3第4項に規定される事業です。生後4か月までの乳児のいるすべての家庭を対象に、保健師、助産師、看護師のほか、保育士、母子保健推進員などが各家庭を訪問しアドバイスや相談に応じています。

　なお、母子保健推進員は、母子保健に熱意のある人や保健師など資格を持っている人を選んで市区町村長が委嘱した方です。

　市区町村の母子健康担当や保健センターなどでは、日常的に相談に応じています。

Q17 乳幼児健康診査を受けるにはどうしたらよいですか。

A 通常、妊娠の届出を出すと対象となるお子さんに市区町村から健診の個別案内が届きます。その案内に実施の詳細が書かれています。転入されて間もない方には案内が届かない場合もありますので、その場合は、市区町村の母子保健担当に連絡しましょう。

解　説

市区町村で若干の違いはありますが、概ね同じように実施しています。検診時期、対象、検診内容は、次のようになっています。

■健診名・対象児・検診内容（市区町村で違いがあります。）

健診名／対象児	検診内容
4か月児健康診査 4か月から6か月未満	問診、身体計測、内科検診、発達チェック、相談、離乳食の話
10か月児健康診査 10か月から1歳未満	問診、身体計測、内科検診、発達チェック、歯の話、相談、ブックスタート（絵本の紹介、読み聞かせ、絵本の配布など）
1歳6か月児健康診査 1歳6か月から2歳未満	問診、身体計測、内科検診、歯科検診、相談、歯磨き指導
3歳児健康診査 3歳6か月から4歳未満	問診、身体計測、内科検診、歯科検診、フッ素塗布（希望者）、尿検査、相談、歯磨き指導

■受診方法・受診場所

案内通知に記載されています。通常、実施医療機関へ電話で申し込み、健診票・母子健康手帳等を持参し、直接受診します。

Q 18 幼児の歯科健康診査について教えてください。

> **A**　子どもの歯と口の健康を守るため、市区町村では、歯科健康診査を無料で行っています。また、むし歯予防のため、フッ化物塗布（有料・1回300円程度が多いようです。）を行っています。通常、健診の案内は、対象となるお子さんに個別に通知されます。転入されて間もない方には案内が届かない場合もありますので、その場合は、市区町村の担当に連絡しましょう。

解　説

■受診方法・受診場所

　案内通知に記載されています。通常、実施医療機関へ電話で申し込み、健診票・母子健康手帳等を持参し、直接受診します。

Q 19 予防接種について教えてください。

A 　予防接種には、予防接種法に基づいて市区町村が主体となって実施する「定期接種」と、希望者が各自で受ける「任意接種」があります。定期接種は基本的に無料ですが（一部自己負担あり）、任意接種は有料・自己負担があります。市区町村では、予防接種の種類や接種時期、会場（医療機関）などについて、広報紙やホームページ、個別通知などで詳しくお知らせしています。

解　説

　予防接種法では、Ａ類疾病として11種類と政令で定めるもの、Ｂ類としてインフルエンザと政令で定めるものを指定しています、このうち乳幼児に関する定期の予防接種は、ジフテリア、百日せき、破傷風、急性灰白髄炎（ポリオ）（この４つのワクチンは、第１期では４種混合（DPT－IPV）として一度に接種できます。また、第２期では、ジフテリアと破傷風のワクチンを２種混合（DT）として一度に接種できます。）、Ｂ型肝炎、Hib（ヒブ）感染症、小児の肺炎球菌感染症、結核（BCG）、麻しん・風しん（この２つのワクチンは、MRワクチンとして、一度に接種できます。）、水痘（水ぼうそう）、日本脳炎があります。

　いずれも接種時期が決まっています、市区町村の通知・案内に従って、接種しましょう。時期を逃すと病気のリスクが高まり、予防接種が有料になります。

　また、万一、定期の予防接種による健康被害が発生し、厚生労働大臣がこれを認定したときは、市区町村により救済（給付）が行われます。

■接種の際は、母子健康手帳等（予防接種手帳）を持参します。

（2）子どもに関する手当

$Q\ 20$　子どもに関する手当や補助金にはどのようなものがありますか。

> A　児童手当をはじめ、次のような手当があります。

解　説

手当の名称と対象者、金額などを紹介します。

○児童手当

　児童手当は、父母など保護者に子育ての第一義的責任があるという考え方から、児童を養育している人に手当を支給し、生活の安定と次代の社会を担う児童の健やかな成長に寄与することを目的とした手当です。支給された手当は、この趣旨に従って使用しなければならないと法律上定められています。なお、所得制限があります。また、支給する市区町村に対して、所定の手続を行った場合、手当額の全部または一部を寄附する制度もあります。

■支給月　　6月（2〜5月分）、10月（6〜9月分）、2月（10〜1月分）
■支給額

対象となる児童	所得制限限度額未満（児童手当）	所得制限限度額以上（特例給付）
3歳未満	15,000円	児童一人につき5,000円
3歳から小学生までの第1子、第2子	10,000円	
3歳から小学生までの第3子以降	15,000円	
中学生	10,000円	

■支給手続

出生や転入などにより新たに支給を受ける場合は、所定の出生届や転入届の際に手続をしましょう。

＜手続に必要なもの＞

・請求者名義の預金通帳など（振込先のわかるもの）

・請求者および配偶者のマイナンバーが確認できるもの

・請求者の健康保険証の写し

※単身赴任などで子どもと別居している場合など、別に提出する書類があります。

○障害児福祉手当

20歳未満で、身体障害者手帳1級、2級の一部、療育手帳最重度（マルA等）および常時介護を要する精神障害のある人に支給されます。なお、障害を支給事由とする年金を受給されている人と施設に入所中の人、所得が限度額以上の人は受給できません。

■支給月額（2020（令和2）年4月より）　14,880円

■支給月

原則として毎年2月、5月、8月、11月に、それぞれの前月分までが支給されます。

■所得制限

受給資格者（重度障害児）の前年の所得が一定の額を超えるとき、もしくはその配偶者または受給資格者の生計を維持する扶養義務者（同居する父母等の民法に定める者）の前年の所得が一定の額以上であるときは手当は支給されません。

（単位：円、2002（平成14）年8月以降適用）

扶　養親族等の　　数	受給資格者本　　人		受給資格者の配偶者および扶養義務者	
	所得額（※1）	参考：収入額の目安（※2）	所得額（※1）	参考：収入額の目安（※2）
0	3,604,000	5,180,000	6,287,000	8,319,000
1	3,984,000	5,656,000	6,536,000	8,596,000
2	4,364,000	6,132,000	6,749,000	8,832,000
3	4,744,000	6,604,000	6,962,000	9,069,000
4	5,124,000	7,027,000	7,175,000	9,306,000
5	5,504,000	7,449,000	7,388,000	9,542,000

※1　所得額は、地方税法の都道府県民税についての非課税所得以外の所得等から、医療費控除、障害者控除および寡婦控除等の額を差し引いた額です。

※2　ここに掲げた収入額は、給与所得者を例として給与所得控除額等を加えて表示した額です。

○特別児童扶養手当

　20歳未満の重度（1級）および中度（2級）の障害児童を扶養している方に支給されます。ただし、施設に入所している方や所得が限度額以上の方は受けられません。

■支給月額（2020（令和2）年4月より）

　1級　52,500円

　2級　34,970円

■支給月

　原則として毎年4月、8月、12月に、それぞれの前月分までが支給されます。

■所得制限

　受給資格者（障害児の父母等）またはその配偶者または生計を同じくする扶養義務者（同居する父母等の民法に定める者）の前年の所得が次の表の額以上であるときは、手当は支給されません。

（単位：円、2002（平成14）年8月以降適用）

扶養親族等の数	受給資格者本人		受給資格者の配偶者および扶養義務者	
	所得額（※1）	参考：収入額の目安（※2）	所得額（※1）	参考：収入額の目安（※2）
0	4,596,000	6,420,000	6,287,000	8,319,000
1	4,976,000	6,862,000	6,536,000	8,596,000
2	5,356,000	7,284,000	6,749,000	8,832,000
3	5,736,000	7,707,000	6,962,000	9,069,000
4	6,116,000	8,129,000	7,175,000	9,306,000
5	6,496,000	8,551,000	7,388,000	9,542,000

※1　所得額は、地方税法の都道府県民税についての非課税所得以外の所得等から、医療費控除、障害者控除および寡婦控除等の額を差し引いた額です。
※2　ここに掲げた収入額は、給与所得者を例として給与所得控除額等を加えて表示した額です。

■支給手続

住所地の市区町村の窓口

○児童扶養手当

　ひとり親家庭の児童のために、支給される手当です。18歳になった最初の3月まで（心身に一定の障害のあるときは20歳未満）児童を監護している父または母、もしくは、父または母にかわってその児童を養育している方に支給されます。また、所得に応じて、支給停止額があります。なお、2010（平成22）年8月から父子家庭も対象になりました。

■支給要件（対象となる方）

・父母が離婚（事実婚の解消を含む。）した後、父または母と生計を同じくしていない児童

・父または母が死亡した児童

・父または母が政令で定める障害の状態にある児童

- 父または母から1年以上遺棄されている児童
- 父または母が裁判所からのDV保護命令を受けた児童
- 父または母が法令により引き続き1年以上拘禁されている児童
- 船舶や飛行機の事故等により、父または母の生死が3か月以上明らかでない児童
- 婚姻（事実婚を含む。）によらないで生まれた児童
- 棄児などで、母が児童を懐胎した当時の事情が不明である児童

■手当が受けられない場合

次に該当する場合は、児童扶養手当を受けることができません。

- 申請する方や児童が日本国内に住所を有しないとき
- 児童が児童福祉施設や少年院など（母子生活支援施設などを除く。）に入所しているとき
- 児童が里親に委託されているとき
- 児童が父または母の配偶者（事実上の配偶者を含み、政令で定める障害の状態にある者を除く。）に養育されている、もしくは生計を同じくしているときなど

■児童扶養手当と公的年金の併給について

2014（平成26）年12月以前は、公的年金（遺族年金、障害年金、老齢年金、労災年金、遺族補償など）を受給する方は、児童扶養手当を受給できませんでしたが、それ以降は、年金額が児童扶養手当額より低い方は、その差額分の児童扶養手当を受給できるようになりました。児童扶養手当を受給するためには申請が必要です。

■手当額（2020（令和2）年4月分から）

子どもの人数	月額（全部支給）	月額（一部支給）
1人の場合	43,160円	43,150円～10,180円
2人の場合	53,350円	1人の場合の月額 ＋10,180円～5,100円
3人以上の場合	2人の場合の月額に、1人に つき6,110円を加算	2人の場合の月額に、1人につき 6,110円～3,060円を加算

○一部支給の手当額は、次の計算式に基づき決定されます（2020（令和2）年4月現在）。

子ども1人目……43,150－｜(受給者の所得額)－全部支給の所得制限額)×0.0230559｜

子ども2人目……10,180－｜(受給者の所得額)－全部支給の所得制限額)×0.0035524｜

子ども3人目以降……6,100－｜(受給者の所得額)－全部支給の所得制限額)×0.0021259｜

ただし、｜ ｜内は10円未満四捨五入

※受給者の所得額は、収入から必要経費（給与所得控除など）を引いた額に、養育費の8割相当を加算した額です。

○全部支給の所得制限額は、次の表に定めるとおり、扶養人数に応じて額が変わります。

■所得制限

受給資格者およびその生計を同じくする扶養義務者などの前年の所得（受給資格者が母（または父）の場合、母（または父）および児童が児童の父（または母）から受ける養育費の8割相当額を含める。）が次表の限度額以上である場合は、その年度(11月分から翌年の10月分まで)は、手当の全部または一部が支給停止となります。

（単位：円）

扶養人数	受給者本人（父・母・養育者）		扶養義務者・配偶者・孤児などの養育者
	全部支給	一部支給	
0 人	490,000	1,920,000	2,360,000
1 人	870,000	2,300,000	2,740,000
2 人	1250,000	2,680,000	3,120,000
3 人	1,630,000	3,060,000	3,500,000
4 人	2,010,000	3,440,000	3,880,000

（注）　「受給者本人」の「一部支給」欄および「扶養義務者・配偶者・孤児などの養育者」欄の限度額以上の場合、手当の全額が停止されます（一部支給はありません）。

（注）　所得制限額は年によって変更されることがあります。

（注）　所得額は、前年分の所得（ただし、1月〜9月までに認定請求した場合は前々年の所得）を適用します。

（注）　一律控除（8万円）のほか、諸控除が受けられる場合があります。

（注）　公共用地の取得に伴う土地代金や物件移転料等の控除があります。

（注）　養育者及び扶養義務者の所得に係る寡婦・寡夫控除のみなし適用があります。

■支給月

　手当は、原則、年6回の奇数月（1月、3月、5月、7月、9月、11月）に前2か月分ずつ支給されます。

■申請手続

　手当を受給するためには申請（認定請求）が必要です。手当は、原則として認定請求をした日の属する月の翌月から支給されます。

＜手続に必要なもの＞

　請求を行う方により必要書類が異なります。事前連絡が必要です。なお、主な必要書類は以下のとおりです。

　・請求者および児童の戸籍謄本等

　※外国籍の方は、上記に代わるものとして該当事由のわかる公的書類、婚姻要件具備証明書

・前年度住民税課税（非課税）証明書

・個人番号（マイナンバー）がわかるもの（請求者、支給対象児童および扶養義務者等）・請求者の身元を確認できるもの

・請求者本人の銀行・信用金庫等の普通預金通帳・キャッシュカード等

■現況届

　児童扶養手当を受けている方は、毎年8月中に「児童扶養手当現況届」を提出しなければなりません。この届の提出がないと、11月分以降の手当が受けられなくなりますのでご注意ください。

■支給手続

　住所地の市区町村の窓口

　　○ひとり親家庭医療費助成

　児童扶養手当の受給資格と同様に児童を監護している父または母、もしくは、父または母にかわってその児童を養育している人で、医療保険（国民健康保険や社会保険など）に加入している場合、親と子などの医療費の自己負担額の一部を助成する制度です。

■支給要件（対象となる方）

　児童扶養手当の受給資格と同様です。

■助成の内容

　市区町村によって異なりますが、多くは健康保険適用の自己負担分の一部（一部負担金を除いた額）が、助成されます（保険適用外の健康診断料・予防接種・容器代・文書代・差額ベッド代・特定療養費等は対象となりません。）。

■一部負担金は、住民税の課税・非課税によって異なります。

■所得制限があります。市区町村によって異なります。

■支給手続

　住所地の市区町村の窓口

○乳幼児・児童・生徒医療費助成（子ども医療費助成）

　乳幼児などが一般に医療を受けた場合、窓口での支払の補助（無料化）が全国の自治体で行われています。名称、対象範囲、助成内容は、自治体によって異なりますが、健診代、予防接種代、薬の容器代、文書料、初診時選定療養費などの保険外診療（自費分）および入院時食事代などの費用は対象外です。また、保育所、幼稚園、学校等の管理下や通学途中で発生したケガや疾病の場合で、学校等で加入している災害共済給付制度から給付が受けられる場合には、対象になりません（日本スポーツ振興センター災害共済の手続になりますので、学校等にお問い合わせください。）。

■登録手続

　子ども医療費受給資格登録申請書（名称が異なる場合があります。）を提出。手続後に『受給資格証』が発行されます。

＜必要書類＞

　　・対象となる子どもの名前が記載された健康保険証
　　・保護者名義の預金通帳など（振込先の口座がわかるもの）
　　・保護者および子どものマイナンバー確認書類（通知カード等）

■受診

　その市区町村内（医師会等が同一のときはその範囲）で受診したときは、窓口で健康保険証とともに「受給資格証」を提示すると、窓口での支払額はありません。

　市区町村外で受診したときは、窓口でいったん自己負担分を支払い、翌月以降に領収書を添えて、子ども医療費の支払い請求書を提出します。高額療養費や家族療養付加給付金を受けている場合は、その明細も必要です。締め切り日の翌月に登録した口座に振り込まれます。

（3）子どもの保育

Q 21 日本の保育施設・事業の概要を教えてください。

> **A** 　保育施設・事業の中心は保育所ですが、2015（平成27）年度から子ども子育て支援制度が始まり、幼稚園と保育所の機能を併せ持つ「幼保連携型認定こども園」など、また、地域の実情に応じて実施される「地域型保育事業」もできました。これらの施設を中心に、保育事業が行われています。

解 説

■認可保育所等と認可外施設

　保育施設は、大きく分けて「認可等を受けて運営する保育所（認可保育所等）」と「認可を受けずに運営する保育施設（認可外保育施設）」とに分類されます。

　「認可保育所」は、児童福祉法第35条第3項に基づき市区町村が設置した、または同条第4項に基づき、民間事業者等が都道府県知事の認可を受け設置した保育所をいいます。

　また、2015（平成27）年度から子ども子育て支援制度が始まり、地域の実情に応じて実施される「地域型保育事業」ができました。地域型保育事業には、⑴家庭的保育事業、⑵小規模保育事業、⑶事業所内保育事業、⑷居宅訪問型保育事業の4類型があり、児童福祉法第34条の15第1項に基づき市区町村が自ら行うものと、同条第2項に基づき、民間事業者等が市区町村長の認可を受けて行うものがあります。

　さらに、就学前の教育・保育を一体的に行う幼保連携型認定こども園

があります。認定こども園法（就学前の子どもに関する教育、保育等の総合的な提供の推進に関する法律）第16条に基づき区市町村が設置する施設と、同法第17条第1項に基づき民間事業者等が都道府県知事の認可を受けて設置する施設があります。

　「認可外保育施設」とは、上記の「認可保育所等」以外の子どもを預かる施設（保育者の自宅で行うもの、少人数のものも含む。）の総称です。

　また、幼稚園以外で幼児教育を目的とする施設において、概ね1日4時間以上、週5日、年間39週以上施設で親と離れることを常態としている場合も、認可外保育施設に含まれます。

保育施設の分類

Q 22 子どもを保育所に入れるにはどうしたらよいですか。

> **A** 保育を必要とする小学校就学前の子どもが保育所や認定こども園などの施設を利用するためには、市区町村で、「保育の必要性」の認定を受けなければなりません。そのうえで、保育施設の利用申込みをします。これらは同時に手続できます。

解 説

「保育の必要性」の認定が必要な施設の種類は、保育所、認定こども園、小規模保育施設、事業所内保育です。

■それぞれの施設の役割は、次のとおりです。

　○保育所…就労等の理由で保育ができない保護者に代わって保育します。

　○認定こども園…保育所と幼稚園の機能を併せ持つ施設。教育と保育を一体的に行います。

　○小規模保育施設…保育所よりも少人数（6〜19人）で、保育を必要とする0〜2歳の児童を保育します。

　○事業所内保育…企業が従業員の児童以外に地域の児童を保育します。

　※幼稚園は幼児期の教育を行う学校です。認定は必要ありません。申し込みは直接施設へ行います。

「集団保育を経験させたい」等の理由は、保育を必要とする理由にはなりませんので、保育所入所の申請をすることはできません。

■保育の必要性の認定区分と利用施設・時間

　保育の必要性は、次の表のように、1号〜3号に区分され、それぞれ

に該当する利用施設と利用時間（必要量）が決まります。

対象 年齢	認定区分	保育の必要性 認定	利用施設	利用時間（必要量）
満3歳 以上	1号認定	不要 （教育を希望）	幼稚園 認定こども園（幼稚園部分）	教育標準時間（4時間） ※施設によっては預かり保育あり
	2号認定	必要 （保育を希望）	保育所 認定こども園（保育所部分）	保育標準時間（11時間） 保育短時間（8時間） ※施設によっては延長保育あり
満3歳 未満	3号認定		保育所 認定こども園 小規模保育施設 事業所内保育	

■保育を必要とする理由（市区町村で異なることがあります。）

　保育の必要性が認定されるのは、子どもの保護者（父母等）のいずれもが、次の1〜10のいずれかの「保育を必要とする理由」に該当し、かつ子どもの保育が必要な場合です。

	保育を必要とする理由	必要量	認定期間
1	月64※時間以上の就労を常態としている場合（※異なることもあります。）	保育標準時間または保育短時間	小学校就学までの必要な期間
2	母親が出産を予定している場合	保育標準時間	出産予定月の前後2か月の計5か月間
3	保護者が病気・負傷または心身に障害がある場合	原則、保育短時間	小学校就学までの必要な期間
4	同居親族等が病気や心身に障害があるため常時看護・介護している場合	保育標準時間または保育短時間	
5	震災、風水害、火災その他の災害の復旧にあたっている場合	保育標準時間	
6	求職活動（起業を含む。）を継続して行っている場合	保育短時間	最長3か月間

7	就学もしくは技能習得のための職業訓練を受けている場合	保育標準時間または保育短時間	小学校就学までの必要な期間
8	虐待やDVのおそれがある場合	保育標準時間または保育短時間	小学校就学までの必要な期間
9	育児休業取得時に既に保育を利用していること	保育標準時間または保育短時間	小学校就学までの必要な期間
10	上記に類する状態にあり、子どもを保育することができないと認められる場合	保育標準時間または保育短時間	小学校就学までの必要な期間

■入所の流れ（見学から入所・ならし保育まで）

【見学】

　　具体的な入所手続の前に、保育所等の利用を希望している子どもを連れて、希望施設の見学を行うことが大切です。特に、子どもの健康や発達に関することや食物アレルギーについてなど、日常生活の中で留意している点については、施設見学の際に保護者から施設の担当者に必ず説明してください。見学に行く場合は、事前に施設に電話予約をしてください。子どもの健康状況に気になることがある場合や食物アレルギーがある場合等は園の見学・相談をしましょう。

【教育・保育給付認定・利用申込み】

　　支給（給付）認定と保育所等利用の申込みは、通常、同時に行います。希望施設または市区町村の保育担当窓口で受け付けます。

　　施設で申込みをする場合は、事前に申込み日時について施設に電話予約をしましょう。また、施設で受理した申請書の内容は、改めて保育担当で確認となります。

　　申込みの際には、必要書類のほか、母子健康手帳も持っていきます。また、対象の子どもと一緒に行きます。

　　不足書類がある場合は連絡がありますが、締切日までに書類がそ
ろわない場合は、教育・保育給付認定が受けられませんのでご注意
ください。

　　発達支援保育が必要な方の申し込みは市区町村の担当窓口のみの
受付です。

【教育・保育給付認定可否の決定】

　　提出した書類をもとに、教育・保育給付認定が行われ、その可否
について結果が通知されます。

【保育所等の利用調整（利用可否の決定）】

　　教育・保育給付認定後に、保育所等の利用可否が決まります。

　　保育所等の利用可否の決定は、保育の必要性の度合いを点数化（基
準が公開されています。）し、必要性の高い子どもから利用が承認
されます。ただし、希望施設に受入れの余裕がない場合などは、必
要度の高い子どもから入所できることになっていますので、希望に
添えないことがあります。各施設の空き状況については、担当窓口
課に問い合わせるか、市区町村のホームページに掲載されています。

【利用調整結果の通知】

　　市区町村の担当では、定期的に利用調整会議を行い、利用可否の
検討を行います。新たに申込みをされた方や、希望施設の追加、変
更をされた方については、その後、利用可否の通知文書が発送され
ます。

　　4月1日利用開始の調整結果は、待機者も含め申込者全員に2月
下旬頃に通知されます。

【説明会】【契約】

　　調整の結果、利用可（承認）となると、施設で説明会があります。
子どもの面接などもあります。必ず子どもと一緒に参加します。認

定こども園・小規模保育事業所等は、保護者と施設との契約を結び
ます。保育条件や実費徴収金などをふまえて、子どもを預かる・預
けるという双方の意思（合意）を確認します。

【施設の利用開始・入所】　毎月1日が利用開始日となります。

【ならし保育】

　　　利用開始の初めのころは、慣れない環境で1日過ごすことになり
ますので子どもにとっては大きな負担になります。子どもの負担を
軽減するため、施設との話し合いによって、保育時間を徐々に延ば
してならしていきます。期間は子どもの状況により各施設が判断し
ます。

■保育園の利用申請に必要な書類（名称が異なる場合もあります。）

・保育所等利用申込書

・教育・保育給付認定申請書

・家庭状況調査票

・児童の健康状況調書・食物アレルギー調書

・保育所等の利用に関する確認票（同意書）

・母子健康手帳（出産状態・最新の健康診断のページ）の写し

・マイナンバー確認書類（マイナンバーがわかるものと顔写真付きの
　身分証明書）

・保育を必要とする事由の確認書類（就労証明書など）

・該当者のみ必要となる書類（戸籍謄本、別当該市区町村以外の住民
　税課税証明書など）

・外国籍の方で就労ができない在留資格だが、就労、求職活動または
　起業準備での申請の場合は、「資格外活動許可を受けていることが
　わかる在留カード」

・外国籍の方で特定活動の在留資格で、就労、求職活動または起業準備での申請の場合は、「特定活動における指定書」

※各市区町村の「保育所等利用のご案内」を入手し、それぞれ（上記必要書類）記入、就労先で就労証明書など依頼をしてください。申請様式は、市区町村のホームページからダウンロードすることも可能です。

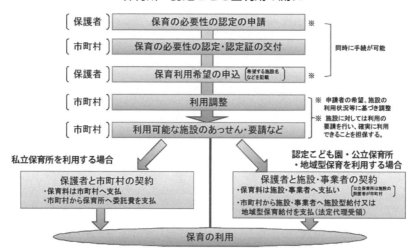

出典：内閣府資料
https://www8.cao.go.jp/shoushi/shinseido/outline/pdf/setsumei5.pdf

Q 23 認定こども園について、教えてください。

A 　教育と保育を一体的に行う施設で、いわば幼稚園（幼児教育・3歳～就学前の子ども）と保育所（保育・0歳～就学前の保育が必要な子ども）の両方の良さをあわせ持っている施設といえます。それぞれの機能を備え、認定基準を満たす施設は、都道府県等から認定を受けることができます。認定を受けても、幼稚園、保育所の位置づけは変わりません。

解　説

　認定こども園は、内閣総理大臣、文部科学大臣、厚生労働大臣が定める基準に従い、また参酌して各都道府県等が条例で定めた基準に基づいて認定されます。

　4つのタイプがあり、「幼保連携型」には保育教諭を配置しなければなりません。保育教諭は、幼稚園教諭の免許状と保育士資格を併有します（ただし、施行から10年間は経過措置があります。）。その他の認定こども園は、満3歳以上については、幼稚園教諭と保育士資格の両免許・資格の併有が望ましく、満3歳未満については、保育士資格が必要とされています。また、満3歳以上の教育・保育時間相当共通の4時間程度については学級を編制します。

　教育・保育の内容は、幼保連携型認定こども園教育・保育要領をふまえた教育・保育の実施（幼稚園型は幼稚園教育要領、保育所型は保育所保育指針に基づくことが前提）ですが、小学校における教育との円滑な接続が考慮されます。

■4つのタイプ

○幼保連携型

　幼稚園的機能と保育所的機能の両方の機能をあわせ持つ単一の施設として、認定こども園としての機能を果たすタイプ

○幼稚園型

　認可幼稚園が、保育が必要な子どものための保育時間を確保するなど、保育所的な機能を備えて認定こども園としての機能を果たすタイプ

○保育所型

　認可保育所が、保育が必要な子ども以外の子どもも受け入れるなど、幼稚園的な機能を備えることで認定こども園としての機能を果たすタイプ

○地方裁量型

　幼稚園・保育所いずれの認可もない地域の教育・保育施設が、認定こども園として必要な機能を果たすタイプ

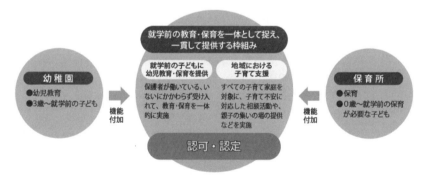

出典：内閣府資料
https://www8.cao.go.jp/shoushi/kodomoen/gaiyou.html

■認定こども園の利用手続

　教育・保育を利用する子どもについて3つの認定区分を設けています。

（保育の必要性の認定区分と利用施設・時間）（⇒P86参照）

　　1号認定：教育標準時間認定・満3歳以上⇒認定こども園、幼稚園

　　2号認定：保育認定（標準時間・短時間）・満3歳以上⇒認定こども園、
　　　　　　　保育所

　　3号認定：保育認定（標準時間・短時間）・満3歳未満⇒認定こども園、
　　　　　　　保育所、地域型保育

■利用手続の流れ（イメージ）

（1号認定の場合）

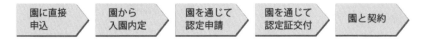

（2号・3号認定の場合）

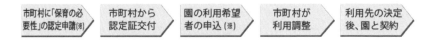

■就学前の子どもに関する教育、保育等の総合的な提供の推進に関する
　法律において、次のような場面で地方自治体の関係機関の連携協力が
　義務づけられています。これに基づき、都道府県や市区町村において
　は、

　　・幼児期の教育・保育に関する保護者向け窓口

　　・認定こども園の認定申請と、幼稚園・保育所の認定申請の受付窓口

　　・補助金申請窓口

を設けています。

Q 24 保育所の保育料について教えてください。

> *A*　1・2号認定（3歳以上）の子どもについて、保育料は基本的に無料です。ただし、施設で食材料費の徴収があります。食材料費の支払方法や金額は、各施設で変わります。また、所得が低い場合、一部（副食費）が免除されることがあります。
>
> 　1・2号認定（3歳児クラス以上）以外の保育料の金額は、子どもの「保育の必要性」の認定区分（保育時間）と保護者の属する世帯の所得の状況などから算定します。

解　説

■3歳以上は無償化

　3歳以上の幼稚園、保育所、認定こども園、地域型保育も2019（令和元）年の10月から「無償化」の対象になりました。また、0歳から2歳までの子どもについては、住民税非課税世帯を対象として利用料が無償化されました。さらに、子どもが2人以上いる世帯の負担軽減の観点から、現行制度を継続し、保育所等を利用する最年長の子どもを第1子とカウントして、0歳から2歳までの第2子は半額、第3子以降は無償となります。

　「保育の必要性の認定」を受けたものの保育所、認定こども園に入れず、認可外保育施設を利用している子ども等は、3歳から5歳までの子どもたちは月額37,000円まで、0歳から2歳までの住民税非課税世帯の子どもたちは月額42,000円までの利用料が無償化されます。

■無償化対象外は市区町村の条例

　無償化の対象とならない一定の所得のある方で、2歳までの子どもの

保育料は、①子どもの「保育の必要性」の認定区分（保育時間）と②保護者の属する世帯の所得の状況などから算定されます。基本となる保育料は、公立でも私立でも同額です。

　また、延長保育などにかかる料金などは、公立と私立で異なります。市区町村の場合、月単位で延長保育を利用する場合は、3,000〜4,000円程度の設定が多く、1回利用ごとスポット延長保育の場合は、1時間あたり100円〜400円程度に設定されているようです。私立保育所・公設民営保育所・地域型保育施設については施設ごとに料金設定されているため詳細は個別に確認が必要です。

■保育料の納入

　納入先は、利用施設によって異なります。保育所は、公立私立を問わず市区町村へ納入します。施設によっては、保育料とは別に費用（園服や園帽の費用、かばん代、教材費、スイミング教室費用、延長保育料、送迎バス代等）を徴収しているところがありますが、保育料とは別に直接施設に支払います。

　保育所以外の施設（認定こども園・小規模保育事業所・家庭的保育事業者・幼稚園等）の保育料等は、各施設に支払います。

幼児教育・保育の無償化の主な例

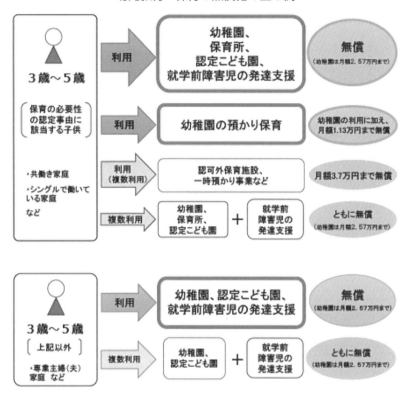

※ 住民税非課税世帯については、0歳から2歳までについても上記と同様の考え方により無償化の対象となる(認可外保育施設の場合、月額4.2万円まで無償)。

(注1)幼稚園の預かり保育や認可外保育施設を利用している場合、無償化の対象となるためには、お住いの市町村から「保育の必要性の認定」を受けることが必要。

(注2)認可外保育施設については、都道府県等に届出を行い、国が定める基準を満たすことが必要。ただし、基準を満たしていない場合でも無償化の対象とする5年間の猶予期間を設ける。

(注3)例に記載はないが、地域型保育も対象。また、企業主導型保育事業(標準的な利用料)も対象。

出典：内閣府資料
https://www.8.cao.go.jp/shoushi/shinseido/musyouka/pdf/musyouka2.pdf

Q 25 認可保育所・認定こども園に入れなかった場合、どうしたらいいですか。

> *A* 認可外保育施設を利用するのも一つの方法です。

解　説

　認可外保育施設とは、児童福祉法第35条第3項に基づき区市町村が設置を届け出た、または同条第4項に基づき民間事業者等が都道府県知事の認可を受け設置した「認可保育所」以外の子どもを預かる施設（保育者の自宅で行うもの、少人数のものを含みます。）の総称です。

　都道府県による立ち入り検査など、指導監督があります。

○認証保育所（東京都）

　認証保育所は、大都市の多様な保育ニーズに対応するため、東京都が独自の基準を満たす施設を認証し、区市町村が運営を助成している民間保育施設です。

○ベビーホテル

　認可外保育施設のうち、次のどれか一つでも該当する施設をいいます。

　・午後7時以降の保育を行っているもの

　・児童の宿泊を伴う保育を行っているもの

　・時間単位での児童の預かりを行っているもの

○事業所内保育施設、院内保育施設

　事業所、病院、診療所等において、その職員の子どもを預かっている認可外保育施設をいいます。

○その他の認可外保育施設

　ベビーホテルにも、事業所内・院内保育施設にも該当しない施設をいいます。

　・居宅訪問型保育事業者（いわゆるベビーシッター業）

Q 26 一時的または日時を区切って保育をしてくれるところはありませんか。

> *A*　地域子育て支援拠点や一時預かり、ファミリー・サポート・センター、子育て短期支援、病児保育などの事業があります。

解　説

　各施設・事業の概要は、次のとおりです。詳しくは、住所地の市区町村の窓口にお尋ねください。

○地域子育て支援拠点

・地域の身近なところで、気軽に親子の交流や子育て相談ができる場所です。

・公共施設や保育所など、さまざまな場所で、行政やNPO法人などが担い手となって行います。

○一時預かり

・急な用事や短期のパートタイム就労のほか、リフレッシュしたい時などに、保育所などの施設や地域子育て支援拠点などで子どもを預かります。

・幼稚園で在園児を通常の教育時間終了後や、土曜日などに預かります。

○ファミリー・サポート・センター

・乳幼児や小学生等の子育て中の保護者を会員として、子どもの預かりなどの援助を受けることを希望する方と、援助を行うことを希望する方との相互に助け合う活動に関する連絡、調整を行います。

○子育て短期支援

・保護者の出張や冠婚葬祭、病気などにより、子どもの保育ができない場合に、短期間の宿泊で子どもを預かります（ショートステイ）。

・平日の夜間などに子どもの保育ができない場合に、一時的に子どもを預かります（トワイライトステイ）。

○病児保育

・病気や病後の子どもを保護者が家庭で保育できない場合に、病院・保育所などに付設されたスペースで預かります。

・保育所などの施設によっては、保育中の体調不良児を、保護者の迎えまで安静に預かるところもあります。

・保育中に具合の悪くなった子どもを看護師等が送迎し、病児保育施設において保育する仕組みもあります（2016（平成28）年度創設）。

内閣府HPに詳しい案内があります。
https://www8.cao.go.jp/shoushi/shinseido/sukusuku.html

3　教育（小学校・中学校・高校）

Q 27 外国人住民の子どもは、日本の小・中学校に入れますか。

> **A**　外国人住民の子どもには、日本の義務教育への就学義務はありませんが、公立の義務教育諸学校へ就学を希望する場合には、国際人権規約等も踏まえ、教科書の無償配付や就学援助を含め、日本人と同一の教育を受ける機会を保障しています。

解説

　市区町村の教育委員会は、学齢の外国人住民の子どもが就学の機会を逃すことのないよう、外国人住民の子どもの就学についての広報・説明を行い、公立の義務教育諸学校への入学が可能であることを案内するとともに、住民基本台帳の情報に基づいて、公立の義務教育諸学校への入学手続等を記載した就学案内を通知することになっています。

　また、外国人住民の子どもについても、住民基本台帳等に基づいて学齢簿（準じるもの）を作成するなど、就学に関する適切な情報の管理に努めています。その際、関係行政機関との連携も図りつつ、学校教育法第1条に定める学校のみならず、外国人学校等も含めた就学状況を把握したり、保護者からの相談に応じるなど、継続して就学の機会の確保に努めることとされています。

　就学校の決定について、外国人住民の子どもについても、教育委員会においては、学校教育法施行令の規定に基づく就学校の指定および変更に準じた取扱いを行うこととなります。特に、外国人住民の子どもの居

住地等の通学区域内の義務教育諸学校において受入れ体制が整備されていない場合には、地域の実情に応じ、受入体制が整備されている義務教育諸学校への通学を認めるなど、柔軟な対応を行うこととなっています。

■日本および国際条約等の関係法規（部分）を紹介します。

日本国憲法（昭和21年11月3日憲法）

第26条　すべて国民は、法律の定めるところにより、その能力に応じて、ひとしく教育を受ける権利を有する。

2　すべて国民は、法律の定めるところにより、その保護する子女に普通教育を受けさせる義務を負ふ。義務教育は、これを無償とする。

教育基本法（平成18年12月22日法律第120号）

（義務教育）

第5条　国民は、その保護する子に、別に法律で定めるところにより、普通教育を受けさせる義務を負う。（2〜4項省略）

経済的、社会的及び文化的権利に関する国際規約（A規約）（昭和54年8月4日条約第6号）（抄）

第13条1　この規約の締約国は、教育についてのすべての者の権利を認める。

2　この規約の締約国は、一の権利の完全な実現を達成するため、次のことを認める。

(a)　初等教育は、義務的なものとし、すべての者に対して無償のものとすること。

(b)　種々の形態の中等教育（技術的及び職業的中等教育を含む。）は、すべての適当な方法により、特に、無償教育の漸進的な導入により、

　一般的に利用可能であり、かつ、すべての者に対して機会が与えられるものとすること。

児童の権利に関する条約（平成6年5月16日条約第2号）（抄）

第28条1　締約国は、教育についての児童の権利を認めるものとし、この権利を漸進的にかつ機会の平等を基礎として達成するため、特に、

(a)　初等教育を義務的なものとし、すべての者に対して無償のものとする。

(b)　種々の形態の中等教育（一般教育及び職業教育を含む。）の発展を奨励し、すべての児童に対し、これらの中等教育が利用可能であり、かつ、これらを利用する機会が与えられるものとし、例えば、無償教育の導入、必要な場合における財政的援助の提供のような適当な措置をとる。

Q 28 日本の小・中学校への入学手続を教えてください。

A　学校教育法施行令第1条により、市区町村の教育委員会は、住民基本台帳に基づき学齢簿を編製し、学齢期の子を持つ保護者に対して就学の通知等の手続を行うこと、とされています。外国人住民についてもこれに準じて案内・説明が行われます。

解　説

　学齢（6〜15歳）の外国人住民の子どもが就学の機会を逃すことのないよう、各教育委員会は（市区町村または都道府県の）広報紙やホームページ等の利用、説明会の開催等により、就学援助制度を含め、外国人住民の子どもの就学についての広報・説明を行い、公立の義務教育諸学校への入学も可能であることを案内すること（「外国人の子供の就学の促進及び就学状況の把握等について（通知）」（30文科教第582号平成31年3月15日））になっています。

　また、保護者に対して、住民基本台帳の情報に基づいて、公立の義務教育諸学校への入学手続等を記載した就学案内が通知されます。この場合、外国人住民が日常生活で使用する言語を用いることにも配慮しています。

　外国人住民の子どもの居住地等の通学区域内の義務教育諸学校において、受入れ体制が整備されていない場合には、地域の実情に応じ、受入れ体制が整備されている義務教育諸学校への通学を認めるなど、柔軟な対応を行うこと（同通知）とされています。

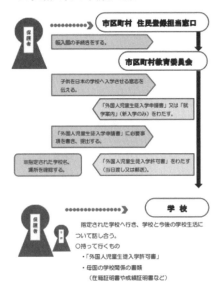

出典：外国人児童生徒のための就学ガイドブック

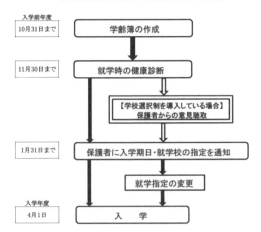

出典：小・中学校等への就学について（文部科学省HP）
https://www.mext.go.jp/a_menu/shotou/shugaku/index.htm

Q 29 子どもに障害がありますが、入学できますか。

> *A* 　子どもの障害に応じて、適切な就学先を選べます。

解　説

　障害のある外国人住民の子どもの就学先の決定に当たって教育委員会は、障害の状態、本人の教育的ニーズ、本人や保護者の意見、教育学、医学、心理学等専門的見地からの意見、学校や地域の状況等を踏まえた総合的な観点から就学先を判断すること（障害のある児童生徒等に対する早期からの一貫した支援について（文科初第756号平成25年10月 4 日通知））とされています。

　その際、言語、教育制度や文化的背景が異なることに留意し、本人や保護者に丁寧に説明し、十分な理解を得ることが必要です。また、就学時に決定した「学びの場」は、固定したものではなく、それぞれの子どもの発達の程度、適応の状況等を勘案しながら、柔軟に変更することも大切だとされています。

Q 30 学齢期ですが、入国前は、あまり（全く）学校に通っていませんでした。どうにかなりますか。

> *A* 学齢期で、本人が希望すれば年齢相当の学年への編入学が可能です。入学した学校では、保護者等から学習の遅れに対する不安などにより、在籍する学年や進級、卒業の留保に関する要望がある場合、補充指導等の実施に関して柔軟に対応するとともに、校長の責任において判断・留保することなどもあります。

解 説

外国人住民の子どもの受入れに際し、特に日本語でのコミュニケーション能力の欠如や、日本と外国とで学習内容・順序が異なること等により、相当学年への就学に必要な基礎条件を著しく欠くなど、ただちに年齢相当学年の教育を受けることが適切でないと認められるときは、一時的または正式に下学年への入学を認める取扱いとすることが可能です。

学校においては、外国人住民の子どもの学力や日本語能力等を適宜判断し、必要に応じこのような取扱いを講じること、とされています。

また、外国において日本よりも義務教育期間が短い国もあるために9年間の義務教育を修了していない場合は、学齢であれば、本人が希望すれば年齢相当の学年への編入学が可能です。いずれにしろ、言語、教育制度や文化的背景が異なることに留意し、本人や保護者に丁寧に説明し、十分な理解を得ることが必要とされます。

Q 31 学齢期に就学の機会を逃してしまいました。改めて日本の学校に入学できますか。

> *A* 本人の学習歴や希望等をふまえつつ、学校の収容能力や他の児童・生徒との関係等必要な配慮をした上で、公立の中学校または夜間中学への入学も可能です。

解　説

　義務教育を修了しないまま学齢を経過した場合や外国人学校を退学するなどにより学習の機会を逸した外国人については、本人や保護者の希望に応じ、日本語教室等で学んだり、学校生活への円滑な適応につなげる教育・支援等を実施するよう努めること、とされています。そして、本人の当該教室等への在籍期間や本人、保護者の希望をふまえ、望ましい時期に学校に入学させるなど、適切に対応することになっています。

　外国または日本においてさまざまな事情から義務教育を修了しないまま学齢を経過した方については、各教育委員会の判断により、本人の学習歴や希望等をふまえつつ、学校の収容能力や他の学齢生徒との関係等必要な配慮をしたうえで、公立の中学校での受入れが可能です。また、夜間中学を設置している自治体においては、夜間中学への入学も可能です。

Q 32 外国人住民は、子どもを必ず日本の小・中学校に通わせなければならないのですか。

A 義務ではありません。しかし、世界的に「初等教育は義務的なもの」で重要であるという考え方からも、何らかの学習機会は保障される必要があります。

解　説

　外国籍の保護者には、その子どもに日本の教育を受けさせる義務はありませんので、日本に在住する外国籍の子どもすべてが日本の学校に通わなければならないわけではありません。在日外国人学校やインターナショナル・スクールでの学習、IT技術や通信教育などの多様な形態での学習など、その保護者と子どもたちは教育に関してさまざまな選択が可能です。ただ、こうした子どもたちの多くが、社会・経済的な条件などを考慮したうえで、日本の学校で学んでいるのも現実です。

　日本の学校は、このように多様な背景を持つ子どもたちが学ぶ場になっており、これまでとは異なった学校のあり方が模索されています。その結果、多様な背景を持つ子どもたちが日本の学校で学ぶ際の条件を整備することが求められています（外国人児童生徒受入れの手引き【改訂版】第1章P4（2019年3月文部科学省総合教育政策局男女共同参画共生社会学習・安全課））。

Q 33 日本の学校教育の体系を教えてください。

A 　幼児教育として3歳からの「幼稚園」、義務教育として6歳から「小学校」（初等教育）、15歳から「中学校」（中等教育）があります。その後の進学先として「高等学校」（中等教育）があり、大学・短期大学、大学院（高等教育）へと進学するのが一般的です。

解　説

　義務教育終了後の高等学校への進学率は98.8％、大学・短期大学進学率は57.9％、専門学校を含む高等教育機関進学率は81.5％（いずれも2019（令和元）年度速報値）となっています。

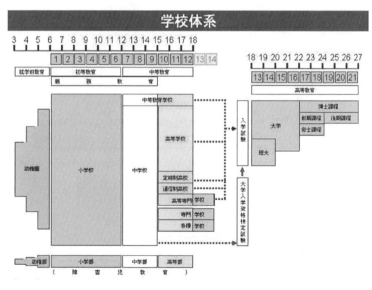

出典：筑波大学教育開発国際協力研究センター「日本の学校制度の概要」

Q 34　小・中学校の学校の組織はどのようになっていますか。

A　標準的な学校組織は、次の図のようになっています。

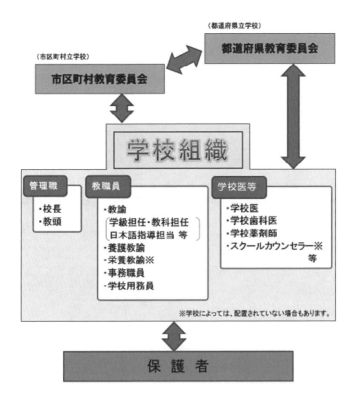

出典：外国人児童生徒のための就学ガイドブック

$Q\,35$　就学義務の猶予または免除について教えてください。

A　日本国民や日本の国籍を有する学齢の子の保護者に対して、就学義務が猶予または免除される場合とは、学校教育法第18条により、病弱、発育不完全その他やむを得ない事由のため就学困難と認められる場合とされています。

外国人住民の子どもは、義務教育ではないことから、「就学義務の猶予または免除」の概念はありませんが、日本人と同様に病弱、発育不完全その他やむを得ない事由の場合に限って、就学とは違った教育の保障を考えるべきでしょう。

解　説

日本においては、すべての国民は日本国憲法第26条、教育基本法第5条により、その保護する子に普通教育を受けさせる義務を負っており、学校教育法第16条において9年の普通教育を受けさせる義務について、学校教育法第17条において就学義務について規定しています。また、1984（昭和59）年の国籍法の改正に伴い、重国籍者であっても、日本の国籍を有する学齢の子の保護者は、義務教育を受けさせる義務を負うことになりました。

学校教育法第18条では、病弱、発育不完全その他やむを得ない事由での就学義務の猶予または免除が定められていますが、ここでいう「病弱、発育不完全」については、特別支援学校における教育に耐えることができない程度としており、より具体的には、治療または生命・健康の維持のため療養に専念することを必要とし、教育を受けることが困難または不可能な者を対象としています。

4　医療と健康

（1）日本の医療制度とサービス

Q *36*　日本の医療保険制度の大まかな仕組み（概要）を教えてください。

> A　公的医療保険の被保険者（患者）は、病気になったときに健康保険証を持って医療機関（医院や病院等）に行きます。そこで、診療等を受け、窓口で一部負担金（通常医療費の3割）を支払います。この診療等にかかる費用は、診療報酬といい、厚生労働省がその単価を定めています。患者が支払った残りの7割は、各保険者から医療機関に支払われますが、診療が適正かどうかの審査や支払いを担当する審査支払機関が①社会保険診療報酬支払基金と②国民健康保険団体連合会の2つで、各保険機関を担当しています。
>
> 次の保険診療の概念図をご覧ください。

解　説

■日本は「国民皆保険」

　病気やケガ、入院など万が一のときに医療が受けられるように保障してくれる保険制度が公的医療保険です。日本では、「国民皆保険」となっており、すべての国民がいずれかの公的医療保険に加入することとなっています。加入すると、それぞれの保険の「被保険者」となります。どの保険に加入していても同じ診療には同じように保険が適用されるため、全国で平等な医療が受けられます。

保険診療の概念図

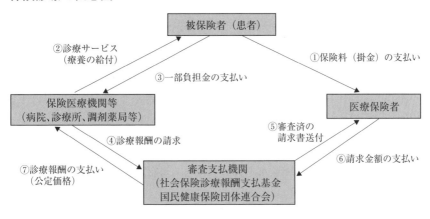

①被保険者は保険者に保険料を支払う。
②被保険者は、病気やけがをした場合、保険医療機関（病院、診療所等）で診療サービス（療養の給付）を受ける。
③被保険者は、診療サービスを受ける際、一部負担金を支払う。
④保険医療機関は、診療報酬（医療費から一部負担金を除いた額）を審査支払機関に請求する。
⑤審査支払機関は、医療機関からの請求を審査した上で、保険者に請求する。
⑥保険者は、審査支払機関に請求金額を支払う。
⑦審査支払機関は、保険医療機関に診療報酬を支払う。
注1） 診療報酬は、中央社会保険医療協議会（中医協）の答申に基づき、厚生労働大臣が全国一律で決める。
　2） 審査支払機関は、被用者保険は社会保険診療報酬支払基金、国民健康保険及び後期高齢者医療は国民健康保険団体連合会。

出典：2015/2016国民衛生の動向

Q 37 日本の公的医療保険には、どのような種類がありますか。

> **A** 日本の公的医療保険の種類は、大きく分けると、①大・中規模企業の従業員とその扶養者が加入する「健康保険組合」、②中小企業の従業員とその扶養者が加入する「協会けんぽ」（船員とその扶養者が対象の「船員保険」も運営）、③国家公務員や地方公務員とその扶養者が対象の「共済組合」、④これらの保険に加入していない自営業や農林業、商店主、会社を退職した方などが加入する「国民健康保険」があります。
>
> そして、⑤原則75歳になると、すべての人が「後期高齢者医療制度」に加入します。

解　説

公的医療保険の種類は、大きく分けると次のとおりです。

職場で加入する医療保険	①健康保険組合（組合管掌健康保険）	健康保険組合は、政府が行う健康保険事業を、政府にかわって行っている公法人です。企業が単独、または共同で設立して保険者となります。単独の場合は、常時700人以上の社員がいることが条件です。共同設立の場合は、合算して常時3000人以上の社員が必要です。主な被保険者は、大・中規模企業の従業員とその扶養者です。
	②協会けんぽ（全国健康保険協会管掌健康保険）	組合健保を設立しない企業の従業員等を対象とした健康保険で、全国健康保険協会が保険者となっています。主な被保険者は、中小企業の従業員とその扶養者です。なお、この協会は、船員とその扶養者が対象の「船員保険」も運営しています。

	③共済組合 （国家公務員、地方公務員、私学教員など）	大きく分けると国家公務員とその扶養者が対象の「国家公務員共済組合」、地方公務員とその扶養者が対象の「地方公務員共済組合」、私立学校の職員とその扶養者が対象の「私立学校教職員共済」があります。
地域住民・同業者が加入する医療保険	④国民健康保険 （自営業、自由業、農林業など）	上記の（健康保険（「被用者保険」・「社保」といわれます）保険に加入していない自営業や農林業、商店主、会社を退職した方などが加入しています。国民健康保険（国保）は各市区町村と都道府県が運営しています。また、同じ種類の職業についている人を組合員とする国民健康保険組合（国保組合）があります。医師、薬剤師、弁護士、土木建築業従事者などがそれぞれに国保組合をつくっています。
後期高齢者	⑤後期高齢者医療制度（後期高齢者医療広域連合）	75歳以上の人および65歳〜74歳で一定の障害の状態にある人。75歳以上の人は上記保険（社保、国保）ではなく、この保険にそれぞれ個人で加入します。

（2）国民健康保険

Q 38 外国人も国民健康保険に加入しなければならないのですか。

> *A* 　日本国内に住所を持っている外国人は、他の公的医療保険に加入していない場合、国民健康保険に加入しなければなりません。
>
> 　ただし、75歳以上は、「後期高齢者医療制度」に加入します。

解　説

（1）都道府県と市区町村が一緒に運営、組合もある

　国民健康保険は、都道府県と市区町村が保険者となり、被保険者の疾病、負傷、出産または死亡に関して必要な保険給付を行うものです。都道府県の区域内に住所を有する者は、当該都道府県が当該都道府県内の市区町村とともに行う国民健康保険の被保険者とする（国民健康保険法第5条）と定められており、他の公的医療保険の被保険者を適用除外としています。

　保険者は、都道府県と市区町村ですが、事業の運営を複数の市区町村で一部事務組合または広域連合により実施しているところもあります。また、同種の事業または業務に従事する者で組織する団体で、市区町村が行う国民健康保険事業の運営に支障を及ぼさないと認められるときに限って、都道府県知事の認可で設立できる国民健康保険組合もあります。

（2）外国人住民の加入要件

　日本に住所を持つ外国人の方は、次のいずれかに該当する方を除き、

国民健康保険に加入しなければなりません。

■国民健康保険に加入できない外国人の方

・在留期間が３か月以下の方　※

　※　在留期間が３か月以下で住民登録ができない外国人の方でも、在留資格が「興行」、「技能実習」、「特定技能１号」、「特定技能２号」、「家族滞在」、「公用」、「特定活動（医療を受ける活動またはその方の日常の世話をする活動を指定されている場合を除く。）」の場合で、資料により３か月を超えて滞在すると認められる方は、加入できます。

・在留資格が「短期滞在」または「外交」の方

・在留資格が「特定活動」の方で、医療を受ける活動または医療を受ける方の日常生活上の世話をする活動を目的として滞在する方

・在留資格が「特定活動」の方で、観光、保養その他これらに類似する活動を行う18歳以上の方またはその方と同行する外国人配偶者の方

・日本と医療保険を含む社会保障協定を結んでいる国の方で、本国政府からの社会保険加入証明書（適用証明書）の交付を受けている方（2019（令和元）年５月現在、アメリカ、ベルギー、フランス、オランダ、チェコ、スイス、ハンガリー、ルクセンブルクと締結しています。）

・職場の健康保険に加入している方

・生活保護を受けている方

・75歳以上の方（後期高齢者医療制度の対象になります。）

・不法滞在など、在留資格のない方

Q 39 外国人の国民健康保険への加入は、どのように行うのですか。

A　パスポートや在留カードなど在留資格の確認ができるものやマイナンバーカードまたは通知カード、職場の健康保険をやめたときなどは「資格喪失証明書」など、必要な書類や印鑑を持って窓口に行き、加入手続を行います。

解　説

　国民健康保険に加入するときは、次のものを持って、入国日、転入日または今まで加入していた健康保険の資格喪失日（退職日の翌日）その他から14日以内に手続をする必要があります。加入の手続が遅れると、医療等を受けたときに窓口で全額医療費を支払わなければなりません（通常は医療費の３割が自己負担です。）。また、加入すべき時期に遡って保険料を支払わなければなりません。

■持ち物
・パスポートや在留カードなど在留資格の確認ができるもの
　（在留資格が「特定活動」の方はパスポートの「指定書」も必要です。）
・マイナンバーカードまたは通知カード
・職場の健康保険をやめたとき、またはその扶養家族でなくなったとき…印鑑、健康保険の資格喪失証明書・退職証明書・離職票・雇用保険受給資格者証のうちいずれか一つ
・他の市区町村から転入したとき…印鑑
・国保加入者に子どもが生まれたとき…印鑑、母親の保険証、母子健康手帳
・生活保護を受けなくなったとき…印鑑、保護廃止決定（変更）通知書

Q 40 わけがあって本人が窓口に行けないときは、どうすればよいですか。

A　手続は、本人または住民票上、同一世帯の方が行うことができます。別世帯の方が手続をするときは、委任状（※書式例参照）が必要です。必要な書類等（Q＆A120ページ参照）を持って、手続をします。

解　説

　委任状は、各市区町村で見本を示している場合があります。その書式を用いてもよいですし、必要な事項が記入されていればよいので、任意に作成しても構いません。見本を掲載します。

　代理人の方は、本人確認書類（マイナンバーカード、運転免許証、パスポート、顔写真付きの住民基本台帳カードなど）を持っていきます。

※書式例

委　任　状

年　　月　　日

○○市（区町村）長　様

代理人（窓口に来る方）

住所

氏名

生年月日　　　　年　　月　　日

　上記の者を代理人と定め、下記の権限を委任します。

委任する内容

> （下記を参照し、委任する内容を具体的に記入してください。）
> ・国民健康保険加入の手続き、および国民健康保険証の受け取り
> 　（加入する人の氏名を記入してください。）
> ・国民健康保険証・高齢受給者証の再発行・郵送戻りの手続き、および国民
> 　健康保険証の受け取り
> 　（再発行する人の氏名を記入してください。）
> ・その他の場合、委任する内容を具体的に記入してください。

委任者（本人）

住所

氏名　　　　　　　　　　　　印

生年月日　　　　年　　月　　日

連絡先（電話番号）

（日中に連絡がとれる番号を記入）

（なお、委任状の偽造または偽造した委任状の行使をしたときは、刑法第159条、
161条により罰せられます。）

$Q\,41$ 国民健康保険で受けられるサービスを教えてください。

A　　国民健康保険で受けられるサービスの基本は、医療に要する費用の通常3割（2・1割もあります。）の負担で受けられることです。この他、入院時の食事や生活に関する費用、訪問看護、高額療養費の支給、出産に関しては出産育児一時金の支給、死亡に関しては葬祭費の支給などがあります。また、自治体によって他のサービスを行っているところもあります。

解　説

（1）保険給付の種類

医療費等の給付（サービス）は国籍にかかわらず同じです。具体的には、各自治体の条例等により定められます。

保険給付の種類は、疾病または負傷に関しては療養の給付、入院時食事療養費、入院時生活療養費、保険外併用療養費、療養費、訪問看護療養費、特別療養費、移送費、高額療養費および高額介護合算療養費の支給、出産に関しては出産育児一時金の支給、死亡に関しては葬祭費の支給（または葬祭の給付）があります。

ただし、出産育児一時金および葬祭費の支給については特別の理由があるときは、その全部または一部が行われないこともあります。これらのほかに、出産手当金、傷病手当金等の給付が行われる場合があります。

自治体によって保養所を設置していたり、保養所の利用への補助、その他独自のサービスを行うところもあります。

（２）通常３割の一部負担金

　保険医療機関等において療養の給付を受けるときは、その給付を受ける際、当該保険医療機関等に一部負担金を支払うこととなります。通常は、療養の給付に要する費用の３割相当額です。ただし、義務教育就学前の子どもについては２割相当額、70歳以上の高齢者については、一般の方は２割相当額、現役並み所得者は３割相当額となっています。

（３）高額療養費

　重い病気にかかったときなど医療費が高額になった場合に、医療機関や薬局の窓口で支払った額（入院時の食費負担や差額ベッド代等は含みません。）が、一月（月の初めから終わりまで）で上限額を超えた場合に、その超えた金額を支給する制度です。

　自己負担限度額は年齢や所得に応じて定められており、さらにいくつかの条件を満たすことで、より負担を軽減する仕組みもあります。

　＜例＞70歳以上・年収約370万円～770万円の場合（３割負担）

　　　100万円の医療費で、窓口の負担（３割）が30万円かかる場合

　　　医療費100万円

　　　高額療養費として支給30万円－87,430円＝212,570円

　　自己負担の上限額80,100円＋（100万円－267,000円）× １％＝87,430円

　　　212,570円を高額療養費として支給し、実際の自己負担額は87,430円となります。

（４）保険外の療養費は自己負担

　いわゆる「保険が利かない」医療は、全額自己負担になりますが、保険外併用療養費という制度もあります。これは、保険が利かない診療と

保険が利く診療を併用できることをいいます。原則として、保険が利かない診療を受けると保険が利く診療も含めて「混合診療」と呼ばれ医療費の全額が自己負担となります。ただし、保険が利かない診療を受ける場合でも、厚生労働大臣の定める「評価療養」、「患者申出療養」および「選定療養」については保険が利く診療との併用が認められます。その場合には、かかった医療のうち、通常の診療（保険が利く診療）部分は保険給付の対象となりますが、残り（保険が利かない診療）については全額自己負担することとなります。

　※「評価療養」「選定療養」「患者申出療養」とは

・評価療養…保険導入のための評価を行うもの。

・選定療養…保険導入を前提としないもの（差額ベッド、大病院の初診など）。

・患者申出療養…国内未承認医薬品等の使用や国内承認済みの医薬品等の適応外使用等を迅速に保険外併用療養として使用できるよう患者が申し出て療養を受けるもの。

Q42 国民健康保険の保険料（掛金）はどうなりますか。

A 　国民健康保険事業に要する費用に充てるため、保険料が徴収されます。なお、保険料に替えて地方税法に基づく国民健康保険税を徴収する自治体もあります。「料」も「税」も金額や納入方法は同じですが、消滅時効が保険料の場合2年、税の場合5年などの違いがあります。

　金額は、所得や被保険者の人数などに応じて、各自治体の条例で定められますが、いずれの場合も限度額が設定されます。東京都の場合の限度額は、99万円（医療給付費分63万円＋後期高齢者支援金等分19万円＋介護納付金分17万円；2020年4月1日現在）です。

解　説

（1）保険料（税）の構成

　国民健康保険料の主な費用として基礎的な医療給付費分があります。これに、後期高齢者支援金等分、40歳以上65歳未満の方が該当する介護納付金の納付に要する費用を含めた保険料（税）が徴収されます。この賦課（算定）にはいくつかの方式があります。

　所得の一定割合を所得割、固定資産税の一定割合を資産割、世帯の人数に応じた均等割、1世帯あたりの平等割の計算項目があり、自治体によって賦課方式が違います。

■一般保険者にかかる保険料（税）の賦課方法

　4方式　　　所得割、資産割、被保険者均等割、世帯別平等割

　3方式　　　所得割、被保険者均等割、世帯別平等割

　2方式　　　所得割、被保険者均等割

（2）保険料の決め方

　保険料は、加入者が病気やけがをしたときの診療費やさまざまな給付の財源となる基礎賦課額（医療分）、後期高齢者医療制度の給付の財源となる後期高齢者支援金等賦課額（支援金分）、介護サービスの財源となる介護納付金賦課額（介護分※）から成り立っています。

　　※　介護分について…介護保険の第2号被保険者である40歳から64歳の人にかかります。

（3）保険料の計算方法（東京都内2020（令和2）年の場合）

　世帯を単位として、被保険者の人数と同一世帯の介護第2号被保険者の人数と賦課のもととなる所得金額※をもとに計算されます。年度途中で加入した人は加入した月から、やめた人はやめた月の前月分までの保険料がかかります。

　　※　賦課のもととなる所得金額（賦課基準額）とは、前年の総所得金額および山林所得金額、株式・長期（短期）譲渡所得金額等を合計した額から、基礎控除額（33万円）を差し引いた額をいいます（雑損失の繰越控除は行いません。）。

■基礎分（医療分）の計算方法

　・所得割額（被保険者全員の賦課基準額×7.14％）＋均等割額（被保険者数×39,900円）＝年間医療分　　最高限度額は63万円です。

■後期高齢者支援金分の計算方法

　・所得割額（被保険者全員の賦課基準額×2.29％）＋均等割額（被保険者数×12,900円）＝年間支援金分　　最高限度額は19万円です。

■介護分の計算方法

　・所得割額（介護保険第2号被保険者全員の賦課基準額×1.46％）＋均等割額（介護保険第2号被保険者数×15,600円）＝年間介護分　　最高限度額は17万円です。

Q 43
収入がない人でも国民健康保険料を支払うのですか。今年は収入がないのに、国民健康保険料の所得割額がかかるのはどうしてですか。住民税は非課税なのに、国民健康保険料はかかるのですか。

A　保険料は、前年の所得等を基準にして算出されます。今年収入がない人でも、昨年所得があった場合には徴収（賦課）対象になります。また、所得割額（所得に応じてかかる額）のほかに、均等割額（加入しているすべての人にかかる額）、その他の合計額が保険料となります。

解　説

　国民健康保険料の算出方式は複数ありますが、少なくとも所得割と均等割その他がかかります。所得割額は、前年の所得を基準にして算出されますが、仮に0円でも均等割額の分、後期高齢者支援金分、介護分などもかかってきます。

　また、住民税（市区町村民税・都道府県民税）と国民健康保険料の計算方法も異なります。

　ただし、前年の所得が一定基準以下であった場合は、国民健康保険料の均等割額が減額される場合があります。また、支払いができない特別の事情がある場合は、減免される場合があります。市区町村の担当窓口に相談しましょう。

$Q\,44$ 暴行を受けてけがをしました。国民健康保険被保険者証（保険証）は使用できますか。

A　傷害事件などでけがをしたような場合（第三者行為といいます。）原則として医療費は加害者が全額負担すべきものですが、届出をすることにより国民健康保険で治療が受けられます。保険者が使用を承認したことを医療機関等に伝えなければ保険証は使用できません。保険者は、後日、国保で負担した分を加害者に請求します。

解　説

　傷害事件や交通事故などのように、第三者の行為によって起こった病気やけが※は、その第三者（加害者）が、治療費や休業補償費を支払わなければなりません。しかし、すぐに支払ってもらえないことも多いため、さしあたって被害者は、保険者に届け出ることによって加入している保険でけがの治療を受けることができます。このような場合、保険者は加害者が支払うべき治療費を一時的に立て替えるだけで、負担した治療費は後で加害者に請求します。

　加入している保険で治療を受ける場合は、各保険者に連絡のうえ、できるだけ早めに「第三者行為による傷病届」などの必要書類を提出してください。提出しない場合、保険者が加害者または自動車保険会社に治療費を請求できないため、被保険者に請求する場合がありますので、必ず提出しましょう。

　加害者が不明の場合も、届出により国民健康保険で治療が受けられます。加害者から治療費を受け取った場合は、保険証は使用できません。

　※　次の場合も「第三者行為による傷病」です。

・他人の飼い犬やペットなどに噛まれけがをした、外食や購入食品などで食中毒になった、ゴルフ・スキーなどで他人の行為によりけがをした　など。

■提出書類・持参するもの等

・世帯主の印鑑

・保険証

・マイナンバーカードまたは通知カード等

・来庁者の本人確認ができる書類（運転免許証またはパスポート等）

■届出人

世帯主

■届出方法

・電話（提出書類用紙の請求）

・郵送（作成済み書類）

・窓口でも受け付けます。

$Q\,45$ 仕事中にけがをしました。国民健康保険被保険者証（保険証）は使用できますか。

A 仕事によるけがや病気には、原則として保険証は使用できません。労災保険を適用します。

解　説

　事業主は、勤務形態にかかわらず、雇用している人すべてに労災保険を適用することが義務づけられています。したがって、事業主本人や一人親方等労災保険加入が義務づけられていない方を除いて、仕事中のけがや病気に関する治療には、労災保険が適用されるため、健康保険は使用できません。

　労災と認められる場合に国民健康保険証を使うと、後で医療費の全額を返還するようになります。急ぐときなど事情があって保険証を利用する場合は、必ず市区町村の国民健康保険担当に連絡しましょう。

　労災保険に関しては、事業主（会社）や最寄りの労働基準監督署に相談してください。

$Q\,46$ 国民健康保険をやめるとき（転出、他保険加入、死亡その他）はどのようにしますか。

> **A** 国民健康保険をやめるとき（資格喪失）は、その事由が発生したときから14日以内に窓口に保険証を返還し、それぞれのケース（やめるとき、死亡したときなど）に応じた手続をします。必要な書類等は次のようになっています。
>
> なお、同一市区町村で転居の時も手続が必要です。

解　説

　国民健康保険を脱退（資格喪失）するときは、次のものを持って、それぞれの事由から14日以内に手続をする必要があります。

- ・他の市区町村（海外）に転出するとき…印鑑（朱肉使用のもの。以下同じ）、保険証
- ・職場の健康保険に加入した、またはその扶養家族になったとき…印鑑、保険証、加入した職場の健康保険証（扶養になったときは資格取得もしくは扶養認定年月日のわかるもの）
- ・死亡したとき…印鑑、保険証

　国民健康保険に加入している家族が亡くなった場合、死亡届を出すことによって、自動的に脱退となります。亡くなった人の保険証は返してください。世帯主が亡くなったときは、国保加入者の保険証を書き換える手続が必要です。

　葬儀を行った人に葬祭費を支給します。亡くなった人の口座から国民健康保険料を納付していた場合は、口座変更等の手続が必要です。

【葬祭費の申請】

　　・保険証

　　・亡くなった被保険者のマイナンバーがわかるもの

　　・葬儀の領収書（原本）

　　・葬儀を行った人の銀行口座番号

　　・印鑑

・生活保護を受けるようになったとき…印鑑、保険証、保護開始決定
（変更）通知書

・住所、世帯主、氏名などの保険証に記載する内容が変わったとき…
印鑑、保険証

・退職者医療制度に該当したとき…印鑑、保険証、年金証書

・修学のため、他の市区町村に転出したとき…印鑑、保険証、在学証
明書、転出先の住民票の写し

・施設入所のため、他の市区町村に転出したとき…印鑑、保険証、施
設入所証明書等、転出先の住民票の写し

Q 47 同一市区町村内で転居したときはどうすればよいですか。

> A　　住所変更の届出をすることにより、国民健康保険の住所
> も変わります。保険証も書き換えが必要です。住所変更
> 届出の際は、保険証も持っていきます。旧住所の保険証と差し替え
> て発行されます。

■提出書類等

・本人確認できるもの（運転免許証やパスポート等）

・旧住所の国民健康保険証

Q 48 低所得の世帯に対する国民健康保険の保険料減額制度について教えてください。

A 　世帯の前年中の所得が一定基準以下であった場合は、国民健康保険料の均等割額が減額されます。減額割合は、世帯の総所得金額によって、7割、5割、2割があります。ただし、所得申告などで総所得金額を確認できる世帯が対象となります。

解　説

　世帯の所得が一定基準以下の場合、国民健康保険の均等割額が減額になる制度があります。減額割合は7割・5割・2割のいずれかで、次の基準表に該当する世帯は自動的に減額になります。この減額の適用は、税の申告内容に基づき判定されます。

　以下は、東京都の例です。世帯主、国保加入者および旧国保加入者（注釈1）のうち一人でも税の申告をしていない人がいる場合は、減額の対象となりません。

　国民健康保険料の減額判定は、該当年度の賦課期日（4月1日）、新規加入世帯の適用開始日（資格取得日）、国民健康保険加入世帯の世帯主変更日に行われます。

■減額基準表（2020（令和2）年度）

均等割額の減額割合	世帯主と国保加入者（注釈2）全員の 平成31年および令和元年中の総所得金額（注釈3）の合計
7割減額	33万円以下
5割減額	33万円　＋　28.5万円×国保加入者（注釈2）数　以下
2割減額	33万円　＋　52万円×国保加入者（注釈2）数　以下

※注釈1：旧国保加入者とは、後期高齢者医療制度に加入するために国民健康保険
を脱退してからも引き続き国保加入者と同じ世帯にいる人です。

※注釈2：国保加入者には旧国保加入者も含みます。
国保加入者数には国保に加入していない世帯主は含みません。

※注釈3：減額基準表に使用する所得は国民健康保険料の算定に使用する旧ただし
書き所得とは異なります。下記の点にご注意ください。

・国保に加入していない世帯主の所得も含めます。

・住民税基礎控除（33万円）は控除しません。

・65歳以上の人（1955（昭和30）年1月1日以前に生まれた人）で公的年金所得
がある場合、公的年金所得から15万円が控除されます。

・事業主が計上している専従者控除は事業主の所得として算定されます。
専従者が受け取る専従者給与は専従者の所得としません。

・長期譲渡所得・短期譲渡所得に係る特別控除はないものとします。

・雑損失の繰越控除がある場合は、控除後の金額になります。

■問い合わせ　市区町村の窓口

（3）健康保険（社保・被用者保険）

Q 49 会社などで働く外国人住民の医療保険はどうなりますか。

> **A**　会社などで働く外国人住民は、それぞれの事業所の「健康保険組合（組合健保）」または「全国健康保険協会（協会けんぽ。船員保険含む。）」の健康保険に加入します。
>
> 　会社などを退職したときは、一定期間それまでの保険の任意継続または国民健康保険に加入することになります。保険料の有利（低額）な方を選ぶほうがよいでしょう。
>
> 　75歳からは「後期高齢者医療制度」に加入します。

解　説

■事業所で働く外国人住民は被用者保険

　会社などで働く外国人住民は、基本的にそれぞれの事業所の「健康保険組合（組合健保）」または「全国健康保険協会（協会けんぽ。船員保険含む。）」の健康保険に加入します。これらは、被用者保険（社保）ですから、保険料の掛金は雇用主と折半となります。

　手続は、各事業所で案内されます。

各健康保険と年齢による区分

		定年退職	75歳	
被用者保険（社保）	健康保険組合	（任意継続）		後期高齢者医療制度
	協会けんぽ	（任意継続）		
	共済組合	（任意継続）		
国民健康保険（国保）				

（4）後期高齢者医療制度

$Q\,50$　外国人住民の後期高齢者医療制度への加入は、どのように行うのですか。

A　① 75歳以後に入国した方、または、住所地に引っ越してきた方は、パスポートや在留カードなど在留資格の確認ができるものやマイナンバーカードまたは通知カード必要な書類などを持って窓口に行き、加入手続を行います。

② 住所地に住んだまま75歳を迎えるときは、特段の手続は必要ありません。

③ 65歳以上で一定の障害がある場合は、申請が必要です。

解　説

　75歳以上の方は、後期高齢者医療制度に加入します。国民健康保険や会社等の健康保険は、適用されません。①新たに住所を定めた（入国など）とき、または他の都道府県から転入してきたとき、②65歳から74歳までの方のうち一定の障害がある方が申請により加入するとき、③適用除外の要件に該当しなくなった（生活保護の廃止など）ときなど、75歳以上の方は、その市区町村で加入手続をしましょう。

　その住所地で75歳の誕生日を迎えると、誕生日から後期高齢者医療制度に医療保険が切り替わります。誕生月の前月に、新しい保険証（後期高齢者医療被保険者証）が簡易書留で送られてきます。75歳の誕生日を迎え、または65歳以上で一定の障害があると認定され、保険証を受け取った場合、医療機関等で診療を受けるときは、必ず新しい保険証を提示してください。それまで加入していた医療保険は喪失しますので、それま

での保険証の返納手続をします。

■65歳以上で一定の障害がある方

　一定の障害がある65歳から74歳までの方は、75歳になる前に後期高齢者医療制度に加入することができます。一定の障害とは、次の基準に該当する状態です。

【一定の障害がある方の条件】

　　・国民年金証書（障害年金1・2級）

　　・身体障害者手帳1～3級と4級の一部※

　　　※4級の一部とは次のとおりです。

　　　　下肢障害4級1号（両下肢のすべての指を欠くもの）

　　　　下肢障害4級3号（一下肢を下腿の2分の1以上で欠くもの）

　　　　下肢障害4級4号（一下肢の機能の著しい障害）

　　・精神障害者保健福祉手帳1・2級

　　・療育手帳1・2度（都道府県、指定都市で名称が異なります。）

　　・国家公務員共済組合法等の法令による障害年金等に該当する方

■窓口　　市区町村の高齢者医療制度担当

$Q\,51$ 後期高齢者医療制度の大まかな仕組み（概要）を教えてください。

A 　後期高齢者医療制度は、2008（平成20）年度に「その心身の特性や生活実態等を踏まえ」、独立した医療保険制度として創設されました。これにより、75歳以上（一定の障害がある場合は65歳以上）の方は、住所地の都道府県ごとに設置された広域連合が運営する後期高齢者医療制度に加入することになりました。

　基本的な給付（受けられる医療サービス）の内容は、それまでに加入していた医療保険（健康保険や国民健康保険など）と同様です。

解　説

（1）年齢で区分

　高齢者の医療費は、高齢化率がまだ低く、経済状況のよかった1960〜70年代は、窓口負担無料でした。しかし、高齢化が進むにつれて医療費が増加し、国の財政負担が急速にも大きくなりました。高齢者の医療費は相対的に高いため、特に退職後に加入する国民健康保険に大きな負担がかかってきました。各保険間のさまざまな調整の仕組みも講じられましたが、それぞれの役割や責任があいまいだとして見直しが進められました。こうして、2008（平成20）年度に独立した後期高齢医療制度として創設されました。年齢で一律に区分・加入する医療制度は、世界に例を見ません。

後期高齢医療制度のしくみ

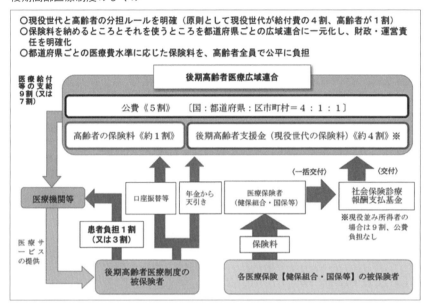

（2）財政運営

　特徴は保険の運営財政で、世帯単位ではなく加入者一人ひとりから保険料を徴収（保険財政の1割）することです。国や都道府県、市区町村からの公費（合わせて5割）、他の医療保険制度からの支援金（合わせて4割）で運営しています。

後期高齢者医療制度の財政構成

（3）保険料

保険料は、それぞれの広域連合ごとに定められています。

| 所得割 | 均等割 |

世帯の所得の一定割合　＋　保険者一人当たり　＝保険料 ≦ 限度額

（東京都の場合、保険料の額は、被保険者一人ひとりに均等に賦課される「均等割額」と、所得に応じて決められる「所得割額」の合計額です。令和2・3年度は均等割額44,100円、所得割率8.72％。保険料の賦課限度額は被保険者一人につき64万円です。）

　所得の状況などにより、保険料の軽減を受けられる措置があります。所得が低い世帯に属する方の被保険者均等割額は次の表のとおり軽減されます。軽減割合は、被保険者と世帯主の所得の合計で判定しますが、世帯主が被保険者でない場合でも、その方の所得は、判定の対象となります。

保険料均等割の軽減

総所得金額等の合計が下記の金額以下の世帯	軽減割合
33万円	7割
33万円＋24万5千円×世帯に属する被保険者数（被保険者である世帯主を除く。）	5割
33万円＋35万×世帯に属する被保険者数	2割

（4）保険料の納入方法

　年額18万円以上の年金を受給している方は、年金から天引き（特別徴収）されます（ただし、介護保険料を合わせた保険料額が年金額の2分の1を超える方は除きます。）。それ以外の方は口座振替や納付書等で市区町村へ納めます（普通徴収）。

（5）一部負担金

　医療機関の窓口で支払う一部負担金の割合は、所得によって異なり、現役並み所得者は3割、その他は1割です。

自己負担の割合	所得区分	住民税課税所得※（前年中の所得から算出）
1割	一般	同じ世帯の被保険者全員がいずれも145万円未満の場合
3割	現役並み所得	同じ世帯の被保険者の中に145万円以上の方がいる場合

※住民税課税所得とは、総所得金額等から各種所得控除を差し引いて算出します。住民税の通知には、「課税標準額」や「課税される所得金額」と表示されている場合があります。

■1945（昭和20）年1月2日以降生まれの後期高齢者医療制度の被保険者の場合、本人と同じ世帯にいる後期高齢者医療制度の被保険者との賦課のもととなる所得金額の合計額が210万円以下であれば、1割負担となります。

■3割負担から1割負担に変更できる場合があります。

3割負担から1割負担に変更できる条件

後期高齢者医療被保険者数	収入判定基準（前年収入で判定）
世帯に1人	収入額が383万円未満（ただし、383万円以上でも、同じ世帯に他の医療保険制度に加入の70〜74歳の方がいる場合は、その方と被保険者の収入合計額が520万円未満）
世帯に複数	収入合計額が520万円未満

※収入とは、所得税法上の収入金額（一括して受け取る退職所得に係る収入金額を除く。）であり、必要経費や公的年金控除などを差し引く前の金額です（所得金額ではありません。）。
※収支上の損益にかかわらず、確定申告したものはすべて上記収入金額に含まれます（ただし、上場株式等に係る配当所得等および譲渡所得について、個人住民税において申告不要を選択した場合は含まれません。）。
（例）　土地・建物や上場株式等の譲渡損失を損益通算または繰越控除するため確定申告した場合の売却収入等も収入に含まれます。

（6）窓口は市区町村

　後期高齢者医療制度は、各都道府県の広域連合と市区町村とが連携して事務を行います。基本的な役割分担は次のとおりです。

広域連合	財政運営、資格の認定、被保険者証等の交付、保険料の決定、医療給付の審査・支払い等
市区町村	各種届出の受付や被保険者証等の引き渡し等の窓口業務、保険料の徴収等

Q 52 後期高齢者医療制度の被保険者証は、全国の病院で使えますか。

A 使えます。他の健康保険証と同様に国内どこの医療機関でも使用できます。

Q 53 医療費が高額になったとき、どうにかなりませんか。 （高額療養費について教えてください。）

> **A** 　1か月ごとに支払った医療費の自己負担額が自己負担限度額（次の表：東京都の例）を超えた場合、超えた分を高額療養費として受け取ることができます。

解　説

　高額療養費の計算は、広域連合で毎月行っており事前の申請は不要です。計算を行った結果、高額療養費の支給対象となった方には、診療月から最短で4か月後に広域連合から申請書が送られてきます。手元に届いたら、申請書に記載してある提出先（市区町村の後期高齢者医療制度担当窓口）に提出します。その後、指定の口座に振り込まれます。

■1か月の自己負担限度額

負担割合	所得区分		外来（個人ごと）の限度額	外来＋入院（世帯ごと）の限度額
3割	現役並み所得3（課税標準額690万円以上）		252,600円＋（10割分の医療費－842,000円）× 1 %【多数回140,100円】★2	
	現役並み所得2（課税標準額380万円以上）		167,400円＋（10割分の医療費－558,000円）× 1 %【多数回93,000円】★2	
	現役並み所得1（課税標準額145万円以上）		80,100円＋（10割分の医療費－267,000円）× 1 %【多数回44,400円】★2	
1割	一　般		18,000円★1	57,600円【多数回44,400円】★2
	住民税非課税※1	区分2	8,000円	24,600円
		区分1		15,000円

※1　区分2：住民税非課税世帯で、区分1に該当しない方
　　区分1：・住民税非課税世帯で、世帯全員が年金収入80万円以下で、その他

の所得　がない方
・住民税非課税世帯で、老齢福祉年金を受給している方

★1　計算期間1年間（毎年8月1日〜翌年7月31日）のうち、基準日時点（計算期間の末日）で一般区分又は住民税非課税区分である被保険者について、一般区分又は住民税非課税区分であった月の外来の自己負担額（月間の高額療養費が支給されている場合はその支給額を除く。）を合算し、144,000円を超える場合に、その超える分を高額療養費（外来年間合算）として支給します。

★2　過去12か月間に4回以上高額療養費の支給があった場合、4回目以降から適用になる限度額（多数回該当。ただし、「外来（個人ごと）」は多数回該当の回数に含みません。なお、2018（平成30）年8月診療分からは現役並み所得の「外来（個人ごと）」が廃止されたため、現役並み所得の被保険者は、個人の外来のみで「外来＋入院（世帯ごと）」の限度額に該当した場合も多数回該当回数に含みます。

■窓口に申請する際に必要な書類等

・高額療養費支給申請書（該当した方に広域連合から送付されます。）

・本人確認ができる身元確認書類（後期高齢者医療被保険者証、運転免許証、パスポート等）

・マイナンバー（個人番号）が確認できる書類（通知カード、個人番号カード等）

・認印（朱肉を使用するもの）

・口座が確認できるもの

・委任状（代理人が申請や受領をする場合のみ）

Q54 高額療養費制度の見直しによる「限度額適用認定証」について教えてください。

A　2018（平成30）年8月1日より、現役並み所得区分が『Ⅰ』・『Ⅱ』及び『Ⅲ』に細分化されました。現役並み所得区分『Ⅰ』・『Ⅱ』に該当する被保険者が、各所得区分の限度額の現物給付（医療窓口での負担減）を受けるためには、『限度額適用認定証』の交付が必要となります。一部負担金が3割負担（『Ⅰ』・『Ⅱ』）の被保険者は、各市区町村で手続してください。

解説

現役並み所得区分『Ⅰ』・『Ⅱ』に該当する被保険者は、『限度額適用認定証』の交付対象となりますが、事前に各市区町村への申請が必要になります。なお、現役並み所得区分『Ⅲ』は交付要件に該当しません。

一部負担金が3割の被保険者が『限度額適用認定証』を持参せず療養を受けた場合は、現役並み所得区分『Ⅲ』の算定基準額が自己負担限度額（月額）となります。

なお、『限度額適用認定証』を持っていない場合、現役並み所得区分『Ⅰ』・『Ⅱ』の被保険者が、自己負担限度額を超えた場合には、後日、高額療養費として支給されます。

現役並み所得区分『Ⅰ』・『Ⅱ』に該当する被保険者が、各所得区分の限度額の現物給付を受けるためには、『限度額適用認定証』の交付が必要となります。一部負担金が3割負担である被保険者は、各市区町村で手続をします。

＜東京都の場合＞

2018（平成30）年8月診療からの1か月の自己負担限度額（3割）		
負担割合	所得区分	外来＋入院 （世帯ごと）
3割	現役並み所得Ⅲ 課税所得690万円以上	252,600円＋（10割分の医療費－842,000円）× 1％ 〈多数回140,100円〉
3割	現役並み所得Ⅱ 課税所得380万円以上	167,400円＋（10割分の医療費－558,000円）× 1％ 〈多数回93,000円〉
3割	現役並み所得Ⅰ 課税所得145万円以上	80,100円＋（10割分の医療費－267,000円）× 1％ 〈多数回44,400円〉

2018（平成30）年8月診療からの1か月の自己負担限度額（1割）			
負担割合	所得区分	外来 （個人ごと）	外来＋入院 （世帯ごと）
1割	一般	18,000円 （年間上限144,000円）	57,600円 〈多数回44,400円〉
1割	住民税非課税等で 区分Ⅱ	8,000円	24,600円
1割	住民税非課税等で 区分Ⅰ	8,000円	15,000円

　区分Ⅱは、住民税非課税世帯であり、区分Ⅰに該当しない方、区分Ⅰは、住民税非課税世帯であり、世帯全員が年金収入80万円以下で、その他の所得がない方、または、住民税非課税世帯であり、老齢福祉年金を受給している方です。

　区分Ⅰ、Ⅱの方は、「限度額適用・標準負担額減額認定証」を提示することにより、医療機関の窓口での自己負担額が上表の自己負担限度額までとなります。

　後期高齢者医療制度の「特定疾病療養受療証（マル長）」をお持ちの方は、医療機関の窓口に提示することで、特定疾病の治療にかかる自己負担限度額が1レセプトあたり月額1万円までとなります。

Q 55 後期高齢者医療制度の保険料が払えないときは、どのようにしたらいいですか。

A 災害などの特別な事情があるときは、保険料が減免または納入が猶予される場合があります。担当の窓口に相談しましょう。

解　説

「ちょっと困った」「支払いが嫌だ」というような事情では減免や徴収猶予はされません。「災害などの特別な事情」がある場合に限って、減免または徴収が猶予されることになります。具体的には次のような場合です。

・65歳以上の方またはその属する世帯の生計維持者が、震災などの災害により住宅、家財などに著しい損害を受けたとき。

・65歳以上の方の属する世帯の生計維持者が、死亡または心身に重大な障害を受け、若しくは長期入院したことにより収入が著しく減少したとき。

・65歳以上の方の属する世帯の生計維持者の収入が、事業の廃止や失業などにより著しく減少したとき。

・65歳以上の方の属する世帯の生計維持者の収入が、干ばつなどによる農作物の不作、不漁などの理由により著しく減少したとき。

Q 56 後期高齢者医療制度の保険料を滞納するとどうなりますか。

A 　後期高齢者医療保険料を滞納すると延滞金の発生、財産の差押や医療機関窓口で10割全額負担しなければならなくなる場合があります。

解　説

① 　納期限内に納付しない場合は、督促状や催告書が送られてきます。また、納期限内に納入しない場合は、納期限後の日数に応じて延滞金が加算されます。

延滞金利率（2020（令和2）年1月現在）

納付日	令和元年 （平成31年）	令和2年
納期限の翌日から1か月を経過する日まで【a】	年2.6%	年2.6%
納期限の翌日から1か月を経過した日以後【b】	年8.9%	年8.9%

■延滞金の計算方法

　延滞金の計算方法は、次の計算式により算出します。

　延滞金＝（滞納税額×延滞金利率【a】×延滞日数【A】÷365）＋（滞納税額×延滞金利率【b】×延滞日数【B】÷365）

　【A】…納期限の翌日から1か月を経過する日までの日数

　【B】…納期限の翌日から1か月を経過した日の翌日から、納付した日までの日数

② 　短期被保険者証の交付

　4か月以上滞納が続き、督促、催促に対して応じようとしない方や、納付相談、事情調査等に応じない方、納付相談等において取り決めた保

険料の納付方法について誠意をもって履行しようとしない方については、保険証の有効期間が短くなり、通常2年更新の保険証が6か月更新となります。

　またご自宅への郵送ではなく、窓口での納付相談後の交付となります。

③　財産の差押

　支払うことができる資力があるにもかかわらず、滞納が続く世帯に対しては、財産調査のうえ、差押を行い、強制的に徴収されることがあります。

④　資格証明書の交付

　後期高齢者医療保険料の滞納が1年6か月以上続き、短期被保険者証（6か月証）が交付されている方で、納付について完納が見込めない方には、医療機関の窓口で全額自己負担する資格証が発行される場合があります。自己負担した医療費については後日窓口で申請すれば、保険者負担分を滞納となっている後期高齢者医療保険料に充当します。

　※後期高齢者医療保険被保険者資格証明書とは、保険証と異なり、病院等にかかったときの医療費が全額自己負担になるものです。ただし、保険診療にはなるため、保険点数に基づいた金額で請求されます。保険証や資格証なしの自由診療と比較すると、自己負担額が低くなる可能性があります。納入が困難なときは相談しましょう。

Q 57 同じ都道府県内の別の市区町村に引っ越すと、後期高齢者医療制度の保険証や保険料はどうなりますか。

A 同一都道府県内への転居の場合、保険料は変わりませんが、被保険者証が変わります。
転入届を行うとその市区町村から新しい保険証が交付されます。

Q 58 後期高齢者医療高額療養費支給申請書が届きましたが、対象者が亡くなってしまいました。どのような手続が必要ですか。

A 市区町村の担当窓口に連絡すると、申立書等が送られてきます。先に届いている後期高齢者医療高額療養費支給申請書と次に送られてきた申立書に必要事項を記入し、申請すると高額療養費が支給されます。

解　説

■申立書提出に該当する方は、戸籍謄本等（コピー可）の添付が必要になります。

■お問合わせ　　市区町村の担当窓口

$Q\,59$　後期高齢者医療制度の限度額適用・標準負担額減額認定証とは何ですか。

A　自己負担割合が1割の方で、世帯全員が住民税非課税の場合は、申請により「限度額適用・標準負担額減額認定証」の交付を受けることができます。医療機関等の窓口に提示すると、保険適用の医療費の自己負担限度額の区分Ⅰ・Ⅱが適用され、入院時の食費が減額されます。

解　説

適用区分が区分Ⅰまたは区分Ⅱの方（下表参照）が交付対象者です。

適用区分	対象者
区分Ⅱ	世帯全員が住民税非課税世帯である方のうち、区分Ⅰに該当しない方
区分Ⅰ	世帯全員が住民税非課税であって、 ①世帯全員が年金収入80万円以下で、その他の所得がない方 または ②老齢福祉年金を受給している方 　※老齢基礎年金は異なります。

■長期入院該当

　区分Ⅱの減額認定証の交付を受けていた期間における入院日数が、過去12か月で90日（他の健康保険加入期間も区分Ⅱ相当の減額認定証が交付されていれば、通算できます。）を超える場合は、申請により、入院時の食費がさらに減額されます。

　すでに持っている減額認定証に長期入院該当年月日が記載されている方は、改めての申請は不要です。

　なお、長期入院該当日は申請日の翌月1日となり、申請日から月末までは差額支給の対象となります。

■申請手続　　各市区町村の後期高齢者医療制度担当窓口

■申請する際に必要な書類等

- 限度額適用・標準負担額減額認定証申請書（窓口にあります。）
- 入院日数のわかる医療機関の請求書・領収書など（過去12か月で90日以上入院していた方のみ）
- 健康保険証
- 認印（朱肉を使用するもの）
- 本人確認ができる身元確認書類（運転免許証、パスポート、個人番号カード等）
- マイナンバー（個人番号）が確認できる書類（通知カード、個人番号カード等）

認定書
見　本

後期高齢者医療限度額適用・標準負担額減額認定証	
有 効 期 限	
交付年月日	
被保険者番号	
被保険者	住　　　所	
	氏　　　名	
	生 年 月 日	
発 効 期 日	
適 用 区 分	
長 期 入 院 該 当 年 月 日	保険者印
保険者番号並びに保険者の名称及びの印	東京都後期高齢者医療広域連合

Q 60 高額介護合算療養費制度とはどのような制度ですか。

> *A* 　高額介護合算療養費制度は、医療保険と介護保険のどちらも利用する世帯が、著しく高額な自己負担になる場合の負担を軽減する仕組みです。医療保険と介護保険の自己負担を合算し限度額を超えた場合は、医療保険と介護保険の制度別に按分計算され、それぞれの保険者から支給されます。

解　説

　医療保険と介護保険のどちらも利用する世帯で、1年間に支払った後期高齢者医療制度の一部負担金等の額と介護保険の利用者負担額の合算額が、世帯の算定基準額を超えるときは、後期高齢者医療制度と介護保険それぞれの制度から払い戻されます。

　後期高齢者医療制度または介護保険の自己負担額のいずれかが0円の場合は対象となりません。また、自己負担限度額を超える額が500円以下の場合は支給の対象となりません。

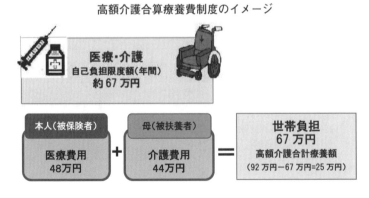

高額介護合算療養費制度のイメージ

■算定基準額（1年間の自己負担限度額・東京都の例）

2018（平成30）年度分（平成30年8月から令和元年7月）以降

	後期高齢者医療制度＋介護保険制度
現役並み所得Ⅲ	212万円
現役並み所得Ⅱ	141万円
現役並み所得Ⅰ	67万円
一般	56万円
区分Ⅱ	31万円
区分Ⅰ	19万円

■計算期間　　毎年8月から翌年7月末までの1年間

■手続

　支給対象となる方には保険者である広域連合から毎年2月ごろにお知らせが届きます。

　※新たに後期高齢者医療制度に加入された方、都道府県外から転入された方など、お知らせが送られない場合があります。

■申請場所

　計算基準日（対象年度の7月31日）に加入する市区町村の後期高齢者医療制度担当窓口

■申請する際に必要な書類等

　・高額介護合算療養費等支給申請書兼自己負担額証明書交付申請書
　・自己負担額証明書（必要な方のみ）
　・本人確認ができる身分証明書（運転免許証、パスポート、個人番号カード等）
　・マイナンバー（個人番号）が確認できる書類（通知カード、個人番号カード等）
　・後期高齢者医療被保険者証
　・認印（朱肉を使用するもの）
　・口座が確認できるもの
　・委任状（代理人が申請や受領をする場合のみ）

Q 61 後期高齢者医療制度に加入していた被保険者が亡くなりましたが、葬祭費は支給されますか。

A 　葬儀を行った人に葬祭費（東京都の場合７万円）が支給されます。

解　説

■提出書類等
　・亡くなられた方の被保険者証
　・葬儀代金の領収書（原本）
　・葬儀執行者名義の振込先口座
　・申請者の本人確認ができる身分証明書（運転免許証、パスポート等、
　　被保険者証等）
　・印鑑
■申請期間
　・葬儀の日から２年間
■申請・届出窓口
　・市区町村の後期高齢者医療制度担当窓口
■届出人
　・葬儀執行者

Q 62 後期高齢者医療制度の特定疾病療養受療証とは何ですか。

A 慢性腎不全、血友病、血液製剤による後天性免疫不全症候群（特定疾病）に該当する方は、長期にわたり継続して高額な治療が必要となるため、自己負担額（月額）は、一つの医療機関につき10,000円です。医師の証明書または該当する特定疾病の記載のある身体障害者手帳を添えて、手続します。

解　説

■提出書類等
　・医師の証明書または該当する特定疾病の記載のある身体障害者手帳
　・本人確認のできる公的証明書（運転免許証、パスポート、被保険者証等）
　・個人番号が確認できるもの（マイナンバーカード等）
　・印鑑
■届出人
　・本人、同一世帯の家族
■届出窓口
　・市区町村の後期高齢者医療制度担当窓口

（5）外国人のための医療情報入手先

Q 63 外国人のための全国の医療情報はどこで入手できますか。

A 厚生労働省で「外国人患者を受け入れる医療機関の情報を取りまとめたリスト」を作成しています。これを反映した情報は、観光庁の日本政府観光局（JNTO）のHPで多言語で公開しています。

https://www.jnto.go.jp/emergency/jpn/mi_guide.html

■日本政府観光局のホームページ

Q 64 より身近な医療機関の情報を公開しているところはありますか。

> *A* 各都道府県情報提供ネットがあります。厚生労働省は「医療機能情報提供制度（医療情報ネット）」を開設し、この医療情報ネットを開くと、各都道府県の医療機能情報提供システムにリンクし、診療科目、診療日、診療時間や対応可能な疾患治療内容等の医療機関の詳細がわかるよう案内をしています。英語等多言語でも案内しています。

■厚生労働省ホームページ（医療情報ネット）

全国いずれの都道府県も、厚生労働省「医療機能情報提供制度（医療情報ネット）」を開くと、検索できます。

5　年　金

Q 65 外国人住民も日本の国民年金に加入しなければなりませんか。

> **A**　日本に住む20歳以上60歳未満の方は、外国人住民を含めて国民年金に加入し、国民年金保険料を納めることが義務づけられています。
>
> ただし、日本と社会保障協定を締結している国から来た外国人で、派遣期間が5年を超えないと見込まれる一時派遣の場合には、派遣元の社会保障制度への加入を継続し、派遣先（日本）の制度からは加入を免除するとされています。
>
> 年金を納入し、受給しないまま帰国した外国人の方のために、脱退一時金制度もあります。

解　説

国民年金法第7条では、日本国内に住所を有する20歳以上60歳未満の者を基本的に国民年金の被保険者としています（厚生年金保険の被保険者を第二号被保険者、第二号被保険者の配偶者のうち20歳以上60歳未満のもの等を第三号被保険者、それ以外のものを第一号被保険者とし、一号〜三号すべてを国民年金の被保険者としています。）。

資格取得の時期について、同法第8条で「日本国内に住所を有するに至つたとき」とあり、外国人住民もこれにより、被保険者の資格を取得することになります。

（1）20歳前から日本に住んでいる外国人の方の加入手続

　20歳前から日本に住んでいる外国人の方は、「20歳の誕生日の前日」から国民年金に加入します。20歳以降から日本に住んでいる外国人の方は、「日本に住所を有するに至ったとき」から国民年金に加入します。

■提出書類

　国民年金被保険者関係届書（申出書）が、20歳の誕生月の前月または当月に、返信用封筒と一緒に日本年金機構から送付されます。

■届出できる方

　本人、代理人（代理人の場合は、委任状、本人の印鑑（認印可、朱肉を用いるもの。以下同じ。）が必要です。）

■届出に必要なもの

　①　本人が届出する場合

　　・本人確認ができる身分証明書

　②　代理人が届出する場合

　　・委任状

　　・本人の印鑑

　　・代理人の本人確認ができる身分証明書

■届出期間

　事由が生じたとき（20歳の誕生日の前日）から、原則として14日以内。

　ただし、届出期間を過ぎても、さかのぼって届出できます。早めに届出をしましょう。

■届出方法

　日本年金機構から送付された書類、同封の返信用封筒で、「提出書類」と「届出に必要なもの」のコピーを日本年金機構へ送付します。

■注意事項

　①　郵送で届出をする場合は、日中連絡が取れる電話番号を記入しま

す。

②　届出をすると、日本年金機構から、約2か月後に年金手帳と国民年金保険料納付書が送付されます。

③　国民年金保険料の納付が困難なときは、保険料免除・納付猶予申請、学生納付特例申請ができます。同時に申請する場合は、国民年金被保険者関係届書（申出書）と一緒に、日本年金機構に送付します。

（2）20歳以降から日本に住んでいる外国人の方の加入手続

■提出書類　　国民年金被保険者関係届（申出）書

■届出できる方　　本人、代理人

　代理人の場合は、委任状、本人の印鑑が必要です。

■届出に必要なもの

①　本人が届出する場合

・本人確認ができる身分証明書

・日本に上陸した日がわかるパスポート

②　代理人が届出する場合

・委任状

・本人の印鑑

・代理人の本人確認ができる身分証明書

・日本に上陸した日がわかるパスポート

■届出期間

　事由が生じたとき（日本に上陸した日）から、原則として14日以内。

　ただし、届出期間を過ぎても、さかのぼって届出できます。

■届出方法と注意事項

　直接、各届出窓口（市区町村窓口、日本年金機構の年金事務所）へ届

け出ます。

　郵送による届出はできません。

　①　届出をすると、日本年金機構から、約2か月後に年金手帳と国民
　　年金保険料納付書が送付されます。

　②　国民年金保険料の納入が困難なときは、保険料免除・納付猶予申
　　請、学生納付特例申請ができます。

Q 66 日本の年金制度の概要を教えてください。

A　公的年金制度は、老後または病気・ケガ・不慮の事故で障害が残ったときなどに、一定の金銭が支給される助け合いの制度です。大きく①国民年金、②厚生年金の2つの年金制度があります。厚生年金加入者は、基礎年金として国民年金に加入しています。

解　説

（1）国民年金制度

　国民年金制度は、1961（昭和36）年4月から始まりました。1986（昭和61）年4月からは、年金制度の大幅な改正により、国民年金の適用の範囲が日本に住んでいる20歳以上60歳未満の人に拡がり、1991（平成3）年4月からは、学生を含めたすべての人が加入することになりました。

　1997（平成9）年1月には基礎年金番号制度が始まり、すべての公的年金に共通の、一人の人が生涯変わらない一つの年金番号を使用することになりました。

（2）国民年金の種別

　国民年金の加入者は3種別に分かれます。

　第1号被保険者　日本に住む20歳以上60歳未満の自営業、自由業、学生などで、本人が保険料を納めます。

　第2号被保険者　厚生年金、共済組合の加入者（原則、65歳未満）。保険料は勤務先で給料から引かれます。

　第3号被保険者　第2号被保険者に扶養されている20歳以上60歳未満

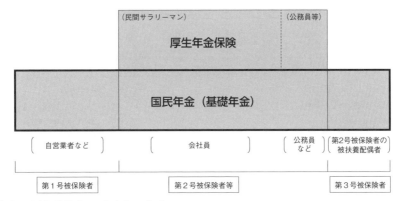

出典：厚生労働省HPを参照し作成

の配偶者。保険料は配偶者が加入している年金制度が負担します。

（3）基礎年金の種類

　基礎年金の種類には、大きく3種類あります。

①　老齢基礎年金

②　障害基礎年金

③　遺族基礎年金

　老齢基礎年金を受給するには、国民年金（保険料の納付済期間・免除期間）・厚生年金加入期間等の受給資格期間が、原則として10年（120月）以上必要です。受給資格期間には、合算対象期間（いわゆるカラ期間）も含まれます。

（4）年金の期間の計算

　年金の被保険者期間は、被保険者の資格を取得した月から喪失した前月までの月数で計算します。資格を取得した日が月の初日であっても末日であっても1か月として算入されます。

　種別（1号・2号・3号）の変更があった月は、変更後の種別の月とみなされます。ただし、第1号被保険者期間（任意加入を含む。）のうち、保険料未納の月は受給資格期間や年金額の計算には、入りません。

（5）年金の保険料

　国民年金の保険料は、月額16,610円（2021（令和3）年4月から）です。納付が困難な時の減免・納付猶予、学生の特例などもあります（Q71－P177をご覧ください。）。

　厚生年金に加入している人の厚生年金保険料（この中に国民年金料分が含まれています。）の額は、標準報酬・賞与額（給料やボーナスの区分）の18.3％（この半額は雇用者負担）です。配偶者（第3号被保険者）の負担はありません。

$Q\,67$　国民年金に加入するとどんな年金（給付）が受けられるのですか。

A　国民年金の給付には次のようなものがあります。
【65歳になったとき】老齢基礎年金

【病気やケガで障害が残ってしまったとき】障害基礎年金

【家の働き手に先立たれたとき】遺族基礎年金

【夫が亡くなったとき】寡婦年金

【家族が亡くなったとき】死亡一時金

【国民年金または厚生年金の加入期間が6か月以上あり、老齢基礎年金の受給資格のない短期在留の外国人の方が日本国内に住所を有しなくなったとき】短期在留外国人の脱退一時金

解　説

年金の種類とその支給要件等は、次のようになっています。

①　老齢基礎年金

老齢基礎年金は、保険料納付済期間と保険料免除期間の合計が10年以上である場合、65歳になったときに支給されます。20歳から60歳になるまでの40年間の全期間保険料を納めた方は、65歳から満額の老齢基礎年金が支給されます。

保険料を全額免除された期間の年金額は1/2（2009（平成21）年3月分までは1/3）となります。保険料の未納期間は、年金額の計算の対象期間になりません。2019（平成31）年4月分からの年金額は、780,100円（満額）です。未納期間に応じて減額されます。

なお、保険料納付済期間と保険料免除期間の合計が10年に満たない場合でも、保険料納付済期間、保険料免除期間および合算対象期間を合算

した期間が10年以上である場合には、老齢基礎年金が支給されます（2017（平成29）年 7 月31日までは、老齢基礎年金・老齢厚生年金を受けるためには、保険料納付済期間（国民年金の保険料納付済期間や厚生年金保険、共済組合等の加入期間を含む。）と国民年金の保険料免除期間などを合算した資格期間が原則として25年以上必要でした。）。

②　障害基礎年金

次の場合は、障害基礎年金が支給されます。

1)　国民年金に加入している間に、障害の原因となった病気やケガについて初めて医師または歯科医師の診療を受けた日（これを「初診日」といいます。）があること。

※20歳前や、60歳以上65歳未満（年金制度に加入していない期間）で、日本国内に住んでいる間に初診日があるときも含みます。

2)　一定の障害の状態にあること（手足の障害などの外部障害のほか、精神障害やがん、糖尿病などの内部障害も対象になります。）。

3)　保険料納付要件（一定の条件で未納期間がないことなど）

4)　年金額（2019（平成31）年 4 月分から）

【 1 級】　780,100円×1.25＋子の加算

【 2 級】　780,100円＋子の加算

子の加算

・第 1 子・第 2 子　各　224,500円

・第 3 子以降　各　74,800円

子とは次の者に限る。

・18歳到達年度の末日（ 3 月31日）を経過していない子

・20歳未満で障害等級 1 級または 2 級の障害者

5)　請求書は、障害認定日以降に提出することができます。

※20歳前の傷病による障害基礎年金にかかる所得制限があります。

　20歳前に傷病を負った人の障害基礎年金については、本人が保険
料を納付していないことから、所得制限が設けられており、所得
額が398万4千円（2人世帯）を超える場合には年金額の2分の
1相当額に限り支給停止とし、500万1千円を超える場合には全
額支給停止とする二段階制がとられています。

③　遺族基礎年金

1)　支給要件は、被保険者または老齢基礎年金の受給資格期間が25年
以上ある方が死亡したとき（ただし、死亡した方について、保険料
納付済期間（保険料免除期間を含む。）が加入期間の3分の2以上
あること。）。※ただし、2026（令和8）年4月1日前の場合は死亡
日に65歳未満であれば、死亡日の属する月の前々月までの1年間の
保険料を納付しなければならない期間のうちに、保険料の滞納がな
ければ受けられます。

2)　対象者は、死亡した方によって生計を維持されていた、①子のあ
る配偶者、②子（子とは次の方に限ります。18歳到達年度の末日（3
月31日）を経過していない子。20歳未満で障害年金の障害等級1級
または2級の子）になります。

3)　年金額　（2019（平成31）年4月分から）
　　780,100円+子の加算
　　子の加算　第1子・第2子　各　224,500円
　　　　　　　第3子以降　　　各　74,800円
　　（注）　子が遺族基礎年金を受給する場合の加算は第2子以降につ
　　　　　いて行い、子1人あたりの年金額は、上記による年金額を子
　　　　　どもの数で除した額

■請求するときに必要な書類等
　・年金請求書（年金事務所、年金相談センターの窓口にもあります。）

・本人の生年月日を明らかにできる書類　（戸籍謄本、戸籍抄本、戸籍の記載事項証明、住民票、住民票の記載事項証明書のいずれか）

・受取先金融機関の通帳等（本人名義）（カナ氏名、金融機関名、支店番号、口座番号が記載された部分を含む預金通帳またはキャッシュカード（コピー可）等）

（※年金請求書に金融機関の証明を受けた場合は不要。）

・印鑑　（認印可、朱肉を用いるもの）

・世帯全員の住民票の写し（マイナンバーを記入することで、添付を省略できます。）

・請求者との生計維持関係確認のため配偶者の収入が確認できる書類（マイナンバーを記入することで、添付を省略できます。）

・生計維持関係確認のため所得証明書、課税（非課税）証明書、源泉徴収票等、子の収入が確認できる書類（マイナンバーを記入することで、添付を省略できます。）

④　寡婦年金

第1号被保険者として保険料を納めた期間（免除期間を含む。）が10年以上（注）ある夫が亡くなった時に、10年以上継続して婚姻関係にあり、生計を維持されていた妻に対して60歳から65歳になるまでの間支給されます。

年金額は、夫の第1号被保険者期間だけで計算した老齢基礎年金額の4分の3になります。亡くなった夫が、障害基礎年金の受給権者であった場合、老齢基礎年金を受けたことがある場合は支給されません。

妻が繰上げ支給の老齢基礎年金を受けている場合は支給されません。

（注）　2017（平成29）年8月1日より前の死亡の場合、25年以上の期間が必要です。

⑤　外国人の脱退一時金

　受給資格期間がないままに日本国内に住所を有しなくなった外国人の方ために「脱退一時金」という制度があります。

　第1号被保険者として保険料納付済期間が6か月以上（一部納付の場合は月数が変わります。）ある方は、帰国後（日本国内に住所を有しなくなった後）2年以内に請求すれば、一時金が支給されます。ただし、障害基礎年金等の受給権を有したことがある人には支給されません。

　なお、一時金は従来3年分が対象でしたが、2021（令和3）年4月から5年分に改正されます。

Q 68 老齢基礎年金の受給手続について教えてください。

> *A* 　年金を受給するためには、年金請求の手続きが必要です。

解　説

　支給開始年齢に達し、特別支給の老齢厚生年金を受け取る権利が発生する方には、支給開始年齢に到達する3か月前に、基礎年金番号、氏名、生年月日、性別、住所および年金加入記録をあらかじめ印字した「年金請求書（国民年金・厚生年金保険　老齢給付　事前送付用）」および年金の請求手続の案内が送られてきます。

　受給権発生日は支給開始年齢に到達した日（誕生日の前日）となります。請求書の提出は支給開始年齢になってからです。

　支給開始年齢は、原則として65歳です。ただし、60歳から減額された年金の繰上げ支給や、66歳から70歳までの希望する年齢から増額された年金の繰下げ支給を請求できます。

　年金を受ける権利（基本権）は、権利が発生してから5年を経過したときは、時効によって消滅します（国民年金法第102条第1項・厚生年金保険法第92条第1項）。ただし、やむを得ない事情により、時効完成前に請求をすることができなかった場合は、その理由を書面で申し立てることにより、基本権を時効消滅させない取扱いを行っています。

Q 69　老齢基礎年金の年金額について教えてください。

A　20歳から60歳になるまでの40年間、全期間保険料を納めた方は、65歳から満額の老齢基礎年金が支給されます。2020（令和2）年4月分からの年金額（満額）は、781,700円です。未納期間に応じて減額されます。

解　説

老齢基礎年金（1941（昭和16）年4月2日以後に生まれた方の場合）の計算式は、次のようになっています。

年金額（2020（令和2）年4月分から）

ただし、2009（平成21）年3月分までは、全額免除は6分の2、4分の1納付は6分の3、半額納付は6分の4、4分の3納付は6分の5にて、それぞれ計算されます。

（注1）　1926（大正15）年4月2日から1927（昭和2）年4月1日までに生まれた方は、加入可能年数が25年に短縮されており、以降、1941（昭和16）年4月1日生まれの方まで生年月日に応じて26年から39年に短縮されています。

（注2）　国民年金第1号被保険者期間としての被保険者期間で、4分

の3免除、半額免除または4分の1免除の承認を受けた期間については、それぞれ免除されなかった分の保険料を納付した場合に、「保険料免除期間」として年金額計算の期間に算入され、納付しなかった場合は「未納期間」となります。

そのため、上記計算式においては、それぞれ

・4分の3免除月数　⇒　4分の1納付月数

・半額免除月数　⇒　半額納付月数

・4分の1免除月数　⇒　4分の3納付月数

と表記しています。

Q 70 老齢基礎年金の繰上げ、繰下げ受給について教えてください。

A 希望すれば、全部の繰上げ支給、一部の繰上げ支給、繰下げ支給を受けることができます。繰上げの場合は減額され、繰下げの場合は増額支給されます。

解　説

■全部繰上げ

全部繰上げを請求した方は下記の減額率によって計算された年金額が減額されます。

> 減額率＝0.5％ ×繰上げ請求月から65歳になる月の前月までの月数

請求時の年齢	請求月から65歳に額率なる月の前月までの月数	新減額率
60歳0か月～60歳11か月	60か月～49か月	30.0％～24.5％
61歳0か月～61歳11か月	48か月～37か月	24.0％～18.5％
62歳0か月～62歳11か月	36か月～25か月	18.0％～12.5％
63歳0か月～63歳11か月	24か月～13か月	12.0％～6.5％
64歳0か月～64歳11か月	12か月～1か月	6.0％～0.5％

■一部繰上げ

1941（昭和16）年4月2日から1949（昭和24）年4月1日（女性は1946（昭和21年）4月2日から1954（昭和29）年4月1日）生まれの人は、老齢厚生年金の定額部分の支給開始年齢が段階的に引き上がることから、この支給開始年齢に到達する前に希望すれば一部繰上げ支給の老齢基礎年金を受けることができます。

一部繰上げを請求した方は、下記により、年金額が計算されます。

一部繰上げ請求した場合の計算式

$$\text{老齢基礎年金①} \times \left[\frac{\text{繰上げ請求月から特例支給開始年齢になる月の前月までの月数　③}}{\text{繰上げ請求月から６５歳になる月の前月までの月数　②}} \times (1 - 0.005 \times ②) \right]$$

　※特例支給開始年齢とは、老齢厚生年金の定額部分の支給開始年齢です。

　65歳からは老齢基礎年金の加算額が加算されます。

■繰下げ請求と増額率

請求時の年齢	増額率
66歳０か月～66歳11か月	108.4％～116.1％
67歳０か月～67歳11か月	116.8％～124.5％
68歳０か月～68歳11か月	125.2％～132.9％
69歳０か月～69歳11か月	133.6％～141.3％
70歳０か月～	142％

（注）　繰下げの請求を行う月によって増額率は異なり、65歳になった月から繰下げの申出を行った月の前月までの月数に応じて１か月増すごとに0.7％ずつ高くなります。

Q 71 国民年金保険料を納めることが困難な場合、どのようにすればいいですか。

A 　国民年金保険料の免除・納付猶予制度、学生納付特例制度、産前産後期間の免除制度、配偶者からの暴力を受けた方の特例免除があります。

解　説

（1）保険料免除・納付猶予制度とは

① 　保険料免除制度とは

　所得が少なく本人・世帯主・配偶者の前年所得（1月から6月までに申請される場合は前々年所得）が一定額以下の場合や失業した場合など、国民年金保険料を納めることが経済的に困難な場合は、本人が申請書を提出し、申請後に承認されると保険料の納付が免除になります。免除される額は、全額、4分の3、半額、4分の1の4種類があります。

② 　保険料納付猶予制度とは

　20歳から50歳未満の方で、本人・配偶者の前年所得（1月から6月までに申請される場合は前々年所得）が一定額以下の場合には、本人が申請書を提出し、申請後に承認されると保険料の納付が猶予されます。これを納付猶予制度といいます。

　※2016（平成28）年6月までは30歳未満、2016（平成28）年7月以降は50歳未満が納付猶予制度の対象となります。

（2）手続をするメリット

　保険料を免除された期間は、老齢年金を受け取る際に2分の1（税金分）受け取れます。（手続をせず未納となった場合、2分の1（税金分）

は受け取れません。）

　保険料免除・納付猶予を受けた期間中に、ケガや病気で障害や死亡といった不慮の事態が発生した場合、障害年金や遺族年金を受け取ることができます。

　保険料の「免除」と「納付猶予（学生の場合は学生納付特例）」は、次の表のとおり、その期間が年金額に反映されるか否かで違いがあります。

	老齢基礎年金		障害基礎年金 遺族基礎年金 （受給資格期間への算入）
	受給資格期間への算入	年金額への反映	
納付	あり	あり	あり
全額免除	あり	あり（※2）	あり
一部納付 （※1）	あり	あり（※3）	あり
納付猶予 学生納付特例	あり	なし	あり
未納	なし	なし	なし

※1　一部納付の承認を受けている期間については、一部納付の保険料を納付していることが必要です。
※2、※3　年金額への反映の割合については、下記「保険料免除・納付猶予された期間の年金額」をご覧ください。
（注）　障害基礎年金および遺族基礎年金を受け取るためには一定の受給要件があります。

（3）保険料免除・納付猶予された期間の年金額

　老齢基礎年金の年金額を計算するときに、保険料免除・納付猶予の承認を受けた期間がある場合は、保険料を全額納付した場合と比べて年金額が低額となります。

■保険料免除
○全額免除

　2009（平成21）年４月分からの保険料の全額が免除された期間については、保険料を全額納付した場合の年金額の２分の１（2009（平成21）年３月分までは３分の１）が支給されます。

○４分の３免除（納めた保険料額　4,140円：2020（令和２）年度）

　2009（平成21）年４月分からの保険料の４分の３が免除された期間については、保険料を全額納付した場合の年金額の８分の５（2009（平成21）年３月分までは２分の１）が支給されます。

○半額免除（納めた保険料額　8,270円：2020（令和２）年度）

　2009（平成21）年４月分からの保険料の２分の１が免除された期間については、保険料を全額納付した場合の年金額の８分の６（2009（平成21）年３月分までは３分の２）が支給されます。

○４分の１免除（納めた保険料額　12,410円：2020（令和２）年度）

　2009（平成21）年４月分からの保険料の４分の１が免除された期間については、保険料を全額納付した場合の年金額の８分の７（2009（平成21）年３月分までは６分の５）が支給されます。

■納付猶予

　納付猶予の期間は、老齢基礎年金、障害基礎年金、遺族基礎年金を受け取るために必要な受給資格期間にカウントされますが、老齢基礎年金額の受給額が増えることはありません。

（4）審査

・保険料免除制度　　本人・世帯主・配偶者　各々の所得審査を行います。

・納付猶予制度　　本人・配偶者　各々の所得審査を行います。

・学生納付特例制度　　本人の所得審査を行います。

・失業による特例免除　　世帯主・配偶者　各々の所得審査を行いま

す。

（5）申請・問い合わせ先

　住民登録をしている市区町村の国民年金担当窓口。郵送も可能です。

　なお、申請用紙（A4版）は、「国民年金保険料に関する手続き」からダウンロードできます。https://www.nenkin.go.jp/shinsei/kokunen.html

（日本年金機構HP、各自治体のHPを参照）

6　介護保険・高齢者福祉

（1）介護保険

Q 72　介護保険制度の概要について教えてください。

A　介護保険は、社会全体で介護が必要な人を支える制度で、2000（平成12）年から施行された社会保険の一つです。主に65歳以上の高齢者が介護を必要とする場合に、要介護・要支援の度合いに応じて保険が適用され、費用の原則1割負担で介護が受けられます。

外国人住民も対象者になります。

解　説

保険者（運営者）は、市区町村です（複数の自治体が広域行政で行っている場合もあります。）。65歳以上の第1号被保険者と40歳から64歳までの第2号被保険者がいます。

第1号被保険者（65歳になると）に、市区町村から「介護保険証」が送られてきます。介護が必要となったときは、要介護認定を受け、介護度の判定を受けたらそのレベルに合わせてケアプランを作成し、必要なサービスを受けます。

■自己負担

通常1割負担ですが、65歳以上の方で「現役並み所得相当」の場合は、次のように3〜1割負担となります。

年金収入 + その他の合計所得の合計額が

○単身世帯で340万円以上、または 2 人以上世帯で463万円以上の場合は、3 割負担。

○単身世帯で280万円以上463万円未満、または 2 人以上世帯346万円以上463万円未満の場合は、2 割負担。

○単身世帯で280万円以上、または 2 人以上世帯346万円以上の場合は、2 割負担。

○単身世帯で280万円未満、または 2 人以上世帯346万円未満の場合は、1 割負担。

保険料も、所得の状況に合わせて細かく設定されています。

■被保険者

	第 1 号被保険者	第 2 号被保険者
対象者	65歳以上の方	40歳から64歳までの方で医療保険に加入している方
保険料	市区町村の介護保険条例で被保険者の所得等に応じて決められています。健康保険料とは別に納めます。	加入している医療保険ごとの計算方法により決まります。健康保険料と一緒に納め、社会保険診療報酬支払基金から保険者（保険者）に交付されます。
サービス利用	要介護（要支援）認定を受け、該当する要介護度に応じてサービスが利用できます。	下記の特定疾病※が原因で介護が必要になった方が、要介護（要支援）認定を受け、該当する要介護度に応じてサービスが利用できます。

※特定疾病
がん（医師が一般に認められている医学的知見に基づき回復の見込みがない状態に至ったと判断したものに限る。）、関節リウマチ、筋萎縮性側索硬化症、後縦靭帯骨化症、骨折を伴う骨粗鬆症、初老期における認知症、進行性核上性麻痺・大脳皮質基底核変性症及びパーキンソン病、脊髄小脳変性症、脊柱管狭窄症、早老症、多系統萎縮症、糖尿病性神経障害・糖尿病性腎症及び糖尿病性網膜症、脳血管疾患、閉塞性動脈硬化症、慢性閉塞性肺疾患、両側の膝関節又は股関節に著しい変形を伴う変形性関節症

介護保険のしくみ

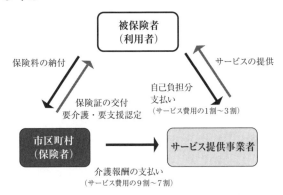

　介護保険の財源は、公費が50％（国25％、都道府県12.5％、市区町村12.5％）、被保険者が50％（第１号と第２号の被保険者が人口割合で按分）となっています。

介護保険の財政構成

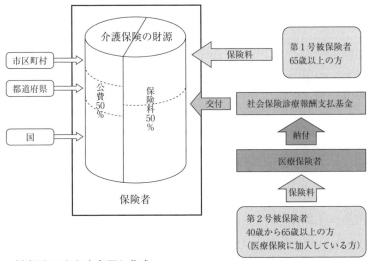

出典：新宿区HPなどを参照し作成

Q 73 実際に介護が必要になったとき、どうするのですか。

> ## A
> まずは、市区町村の窓口に相談し、要介護認定を受ける
> ことになります。
>
> 　要介護申請の認定結果が出たら、要介護度に応じて①在宅サービ
> スか②施設サービスを利用するかを決めます。それぞれのケアプラ
> ン（サービス計画書）に従って、介護サービスを受けることになり
> ます。要介護1から5の方は、居宅介護支援事業者に依頼してケア
> プランを作りますが、自分で作ることもできます。

解　説

■要介護認定

　被保険者が介護保険を使用する場合は、その要介護度を確認するため
市区町村が行う要介護認定を受ける必要があります。要介護認定は、コ
ンピュータによる1次判定、主治医の意見書など具体的な状況を加味し、
医師や社会福祉士、看護師などの専門家で組織される介護認定審査会の
2次判定を経て、市区町村が決定します。

　要介護状態の区分は、サービスが受けられる金額（支給限度額目安、
約5万円から約36万円＝単価差があるため自治体で異なります。）に応
じて、要支援1・2（介護保険の介護予防サービスが受けられます。）。
要介護1・2・3・4・5（介護保険の介護サービスが受けられます。）
となっています。介護サービスを受けた場合、原則として、その1割を
自己負担します。これらに該当しない場合「自立」と判定されます。

■申請

　介護保険のサービスを利用する場合は、「要介護・要支援認定」の申

請が必要になります。各担当窓口（地域包括支援センターなど）で申請してください。また、居宅介護支援事業者や介護保険施設などに申請代行をしてもらうこともできます。

＜申請に必要なもの＞

・要介護認定・要支援認定申請書、要介護・要支援状態区分変更認定申請書（申請窓口にもあります。）

・介護保険被保険者証

・健康保険被保険者証（40歳から64歳までの方〔第2号被保険者〕（※国民健康保険に加入の方は除く。）

・個人番号確認と本人確認書類

■要介護認定の区分イメージ

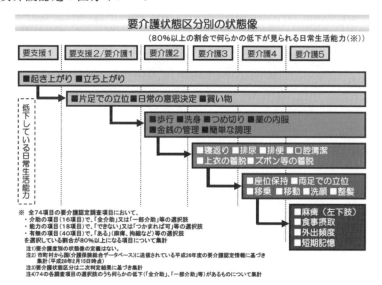

出典：厚生労働省資料

■要介護認定の流れと受けられるサービス

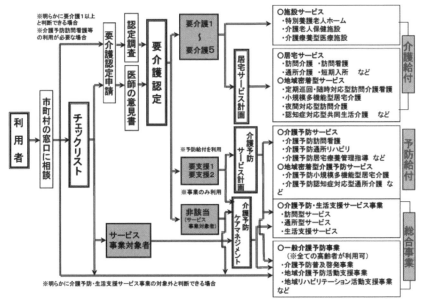

出典：厚生労働省資料

$Q\,74$　要介護認定の申請をしてから認定をされるまで、どれ位の日数がかかりますか。

A　申請後、原則として30日以内に認定結果通知を送付することになっています。認定に必要な意見書作成や訪問調査等の状況により、さらに日数がかかる場合があります。

$Q\,75$　要介護認定に有効期限はあるのですか。

A　要介護認定には有効期間があります。有効期間は人によって違いがあります。通常、新規の申請だと6か月、更新認定だと12か月ですが、市区町村が認める場合は2年、一定期間にわたって心身状態が安定しているなど、いくつかの条件を満たしていれば、有効期限が3年になります。

　自動的には更新されませんので、有効期限内に更新が必要になります。有効期限が過ぎると認定の効力は失われ、保険適用で介護サービスを受けられなくなるので注意しましょう。

解　説

　要介護認定の申請には、新規、更新、区分変更の3種類あります。人によって心身の状況が違うので、有効期間は、新規や介護度の区分変更の場合は比較的短く、更新の場合は長く設定されます。

　有効期限が切れる約2か月前に市区町村からお知らせがあります。忘れずに更新手続をしましょう。

Q 76　どのような給付（介護サービス）があるのですか。

> A　大きく分けると
> ①　自宅にいて、または自宅から通って介護を受ける（居宅サービス）
> ②　施設に入所して介護を受ける（施設サービス）
> ③　介護を予防する（介護予防サービス）
> があります。要介護・要支援のレベルに応じてケアプランをつくり、それぞれ利用することになります。

解　説

■在宅サービスを利用する場合、「利用するサービスの種類、内容、回数」を記載したケアプラン（居宅サービス計画）を作成します。要支援1・2の方は、地域包括支援センターなどに依頼し、介護予防プラン（介護予防サービス計画）をつくります。要介護1から5の方は、居宅介護支援事業者（介護支援専門員＝ケアマネジャー）に依頼してケアプランをつくりますが、自分でつくることもできます。

主なサービスは、次の図（介護サービスの種類）を参照してください。

■施設サービスを利用（入所）する場合、直接施設へ申し込みます。施設サービスを利用するときのケアプランは、その施設で作成することになっています。市区町村を通じて申し込む場合もあります。確認してください。

■介護予防サービスを利用する場合は、介護（介護予防）サービス計画書（ケアプラン）の作成が必要となります。「要支援1」「要支援2」の介護予防サービス計画書は地域包括支援センターに相談し、「要介

護1」以上の介護サービス計画書は介護支援専門員（ケアマネジャー）
のいる、都道府県知事の指定を受けた居宅介護支援事業者（ケアプラ
ン作成事業者）へ依頼します。

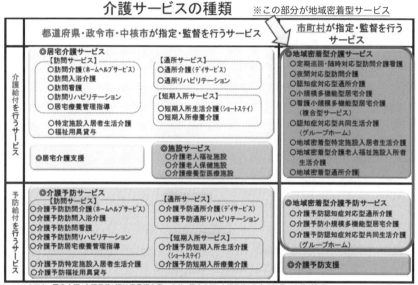

介護サービスの種類　※この部分が地域密着型サービス

このほか、居宅介護（介護予防）福祉用具購入費の支給、居宅介護（介護予防）住宅改修費の支給がある。

介護保険で利用できるサービスは、次のとおりです。

居宅サービス

・サービス利用の支援（居宅介護支援・介護予防支援）

　居宅（介護予防）サービスを利用するにあたっては、要介護の方は居
宅介護支援事業者に、要支援の方は地域包括支援センターに、サービス
計画の作成を依頼します（自身で作成することもできます。）。

・訪問介護（ホームヘルプサービス）

　ホームヘルパーが家庭を訪問し、食事・排泄・入浴の介助や、調理・洗濯などの生活援助を行います。

・訪問入浴介護

　家庭に浴槽を持ち込んで、入浴の介助を行います。

・訪問看護

　看護師や保健師などが家庭を訪問して、療養の世話や診療の補助などを行います。

・訪問リハビリテーション

　心身の機能の維持や回復のために、理学療法士・作業療法士・言語聴覚士が家庭を訪問してリハビリテーションを行います。

・居宅療養管理指導

　往診等を行っているかかりつけの医師・歯科医師が、介護サービス計画に必要な情報を提供したり、介護に関する指導・助言を行うサービスです。薬剤師が家庭を訪問し服薬の指導を行う場合なども含まれます。

・通所介護（デイサービス）

　デイサービスセンターなどへ送迎し、健康チェック・機能訓練・入浴や食事の提供などのサービスを日帰りで受けます。

・通所リハビリテーション（デイケア）

　日帰りで病院・診療所や老人保健施設に通い、理学療法士や作業療法士などによるリハビリのサービスを受けます。食事の提供や送迎のサービスもあります。

・短期入所生活介護（福祉施設のショートステイ）

　特別養護老人ホームなどの福祉施設に短期間入所し、日常生活の介護や機能訓練を受けます。

・短期入所療養介護（医療施設のショートステイ）

　老人保健施設、療養型医療施設・診療所などの入所施設に短期間入所
し、医学的な管理のもとに機能訓練、日常生活の介護・看護を受けます。

・特定施設入居者生活介護（有料老人ホーム等）

　指定を受けた有料老人ホーム・養護老人ホーム・軽費老人ホーム・サー
ビス付き高齢者向け住宅に入居し、日常生活上の介護や機能訓練を受け
ます。

・福祉用具のレンタル及び購入費の支給

　車いす・特殊ベッド・移動用リフト・歩行支援具等の福祉用具を借り
ることができます。ポータブルトイレや入浴補助具など購入費が支払わ
れるものもあります。

＜借りることができる福祉用具＞

　指定された福祉用具貸与事業者から次の福祉用具を借りることができ
ます。要介護認定の区分によっては対象とならないものもあります。

　車いす・車いす付属品／特殊寝台・特殊寝台付属品(サイドレール、マッ
トレス、ベッド用手すり、テーブル、スライディングボード・スライディ
ングマット、介助用ベルト)／床ずれ防止用具／体位変換器／手すり（工
事を伴わないもの）／スロープ（工事を伴わないもの）／歩行器／歩行
補助つえ／認知症老人徘徊感知機器／移動用リフト（床走行式、固定式、
据置式。工事を伴うものは除く。）／自動排泄処理装置

＜購入費が支給される福祉用具＞

　腰掛便座（便座の底上げ部材を含む。）／自動排泄処理装置の交換可
能部品／入浴補助用具／簡易浴槽／移動用リフトのつり具部分

＜住宅改修費の支給＞

　自宅で暮らし続けられるよう、手すりの取付けや段差の解消など小規
模な住宅改修を行った場合の費用について支給されます（住宅改修を行

う場合は、介護支援専門員による住宅改修理由書が必要です。）。対象となる工事は、次のようなものです。

　手すりの取付け／段差の解消／滑りの防止及び移動の円滑化等のための床材変更／引き戸等への扉の取替え（扉位置の変更などに比べ、費用が安く抑えられる場合に限り、「引き戸等の新設」を含みます。）／洋式便器等への便器の取替え

施設サービス

　次の３種類の施設を介護保険施設と呼び、これらの施設に入所（居宅サービスに位置づけられている短期滞在＝ショートステイを除く。）し、介護を受けるサービスが施設サービスです。

・介護老人福祉施設（特別養護老人ホーム）

　老人福祉法に基づき認可された特別養護老人ホームのうち、入所定員30人以上のもの。寝たきりや認知症のため、常時介護が必要な方で、自宅での介護が困難な方の生活の場としての施設です。

・介護老人保健施設

　自宅に戻ることを目指して、看護や医学的管理下での介護・リハビリ等が行われる施設です。

・介護療養型医療施設

　介護保険で入院できる病院のこと。病状は安定期に入ったものの引き続き入院の必要な方が対象で、療養上の管理、看護、医学的管理下での介護・リハビリ等が行われます。

　慢性的な病気の方のための療養病床のほか、認知症の方のための老人性認知症疾患療養病棟があります。

地域密着型サービス

　住み慣れた地域での生活を支えるため、身近な市区町村が事業所を指定して提供されるサービスです。地域密着型サービス事業所の情報は、各事業者・所在地の市区町村にお問い合わせください。

・定期巡回・随時対応型訪問介護看護

　重度者を始めとした要介護高齢者の在宅生活を支えるため、日中・夜間を通じて、訪問介護と訪問看護が密接に連携しながら、短時間の定期巡回型訪問と随時の対応を行うサービスです。

・看護小規模多機能型居宅介護

　小規模多機能型居宅介護と訪問看護を組み合わせて提供するサービスです。

・夜間対応型訪問介護

　巡回や通報システムによる夜間専門の訪問介護です。

・認知症対応型通所介護

　認知症の方を対象とした通所介護です。

・地域密着型通所介護

　定員18人以下の通所介護です。

・小規模多機能型居宅介護

　通所や短期入所、訪問などのサービスを組み合わせて多機能なサービスを提供します（1事業所当たり登録29人以下、宿泊概ね9人以下など）。

・認知症対応型共同生活介護（グループホーム）

　介護を必要とする認知症の高齢者が共同生活を行い、家庭的な環境で日常生活上の介護や機能訓練を受けます。

・地域密着型特定施設入居者生活介護

　小規模（入居定員30人未満）の介護専用特定施設に入居して日常生活上の介護や機能訓練を受けます。

・地域密着型介護老人福祉施設入所者生活介護

　入所定員30人未満の介護老人福祉施設（小規模の特別養護老人ホーム）です。

　　　　　　　　　（厚生労働省および埼玉県のHPを参照し作成）

Q 77 要介護認定で要支援（1・2）の認定を受けましたが、利用できるサービスはありますか。「非該当」の場合はどうですか。

A 　要介護認定で要支援の認定を受けた方は、「介護予防サービス」と「介護予防・日常生活支援総合事業」（総合事業）を利用できます。「非該当」の方でも生活機能が低下していて介護が必要となるおそれのある方は、市区町村が実施する介護予防・日常生活支援総合事業が利用できます。

解　説

　介護保険制度における市町村による事業です。総合事業（介護保険法では、「介護予防・日常生活支援総合事業」として定められています。）は、市区町村が中心となって、地域の実情に応じて、住民等の多様な主体が参画し、多様なサービスを充実することで、地域の支え合い体制づくりを推進し、要支援者等の方に対する効果的かつ効率的な支援等を可能とすることを目指すものです。

　「非該当」の場合、介護保険適用の介護サービスは利用できませんが、各自治体が行う「介護予防・日常生活支援総合事業」であれば、「基本チェックリスト」によって「介護予防・生活支援サービス事業対象者」と認められる場合、訪問型、通所型の各種介護予防サービスを受けることができます。

要支援（1・2）と「非該当」認定の場合のサービス

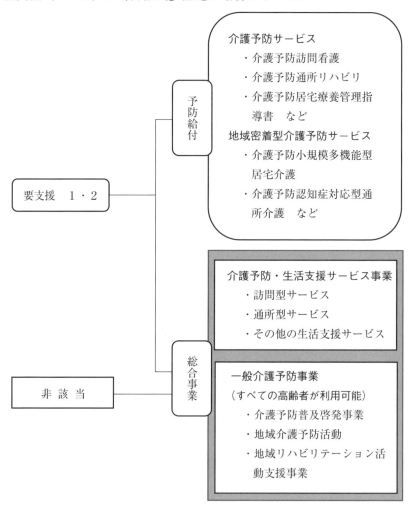

出典：厚生労働省資料を基に作成

Q 78 心身の状態が悪くなり、さらに介護が必要になりました。現在の認定区分を変更することはできますか。

A 　要介護（要支援）の認定を受けている方が、前回の調査時よりも心身の状態が悪化してより介護が必要になったときは、次回の更新時期を待たず、区分変更申請を行うことができます。介護保険サービスは、要介護認定の段階によって利用できるサービスの種類や支給限度額が異なり、区分変更をすることで、より必要なサービスを利用できるようになります。ただし、要介護度によってサービス利用料が異なる場合もあります。

Q 79 介護保険の申請をしたいのですが、主治医がいない場合はどうすればよいですか。

A 　介護保険の要介護認定には、主治医から意見書が必要になります。できるだけかかりつけの医師がよいのですが、いない場合には、新たに医療機関を受診して主治医となる医師を決めてください。

　主治医には心身の状況、病気やケガの状況などをまとめた意見書を作成してもらいますが、その依頼は、市区町村が直接、主治医にお願いします。

Q80 介護保険料はどのようにして決まるのですか。

A 　65歳以上（第１号被保険者）の方の保険料は、保険者（市区町村）が介護に必要な総費用を計算し、それを各被保険者の所得などに応じて負担してもらうように条例で定めます。負担能力に応じた負担割合とする考え方に基づき、国の標準段階（９段階）を参照しながら細かく設定します。３年に１度改定されます。

　40歳から64歳まで（第２号被保険者）の方は、全国ベースで算出した額の２分の１（半分は公費で負担）のうち、第１号被保険者と加入人数で按分した割合（2019（令和元）年予算ベースで27％）を各医療保険者を通じて医療保険料と一緒に納入します。

解説

■市区町村で保険料が違う

　第１号被保険者の保険料は、それぞれの市区町村ごとに決められます。市区町村は３年ごとに介護保険事業計画を策定し、それぞれ３年間の保険給付費（サービスに要する費用）の見込みを立てます。その保険給付費の一定割合（2019（令和元）年予算ベースで全国平均で23％）を第１号被保険者の保険料で賄うことになっています。このため、高齢化が進んだところや特別養護老人ホームが多いなど介護サービスが充実しているところでは保険料（基準額）は高くなります。

　ちなみに、最高額は福島県葛尾村で9,800円、最低額は北海道音威子府村で3,000円です。都道府県別の平均基準月額では沖縄県（6,854円）が最も高く、最低は埼玉県（5,058円）でした（2018（平成30）年５月厚生労働省調べ）。

　支払う保険料は、被保険者や家族等の所得等の段階によって、基準額の0.45倍から基準額の3.4倍（東京都大田区の例）まで幅広くなっています。

■（第1号）保険料の支払い

　年金額が年額18万円以上ある第1号被保険者の保険料は、通常、年金からの天引き（特別徴収）で支払います。年金額がこれに満たない場合や年度途中で65歳になった、他の市区町村から転入したときなどは普通徴収（窓口に行き現金で支払う、または、金融機関からの口座振替など）になります。

■（第2号）保険料とその支払い

　40〜64歳の第2号被保険者（医療保険加入者）の保険料は、医療保険の種類や給料の額によって異なります。また、支払う保険料には被扶養者の分も含まれます。原則として保険料の半分を事業主または自治体が負担します（任意継続被保険者は全額自己負担）。

　支払いは、加入している医療保険（社会保険や国民健康保険）の保険料、掛金と一括して天引きされます。

Q 81 介護保険料を滞納すると、どうなりますか。

A　介護保険料を納期限までに納めないでいると、翌月に督促状が送付されます。督促状の納期限後も未納の場合、介護保険担当から連絡があったり、係員が納付相談等のため滞納者宅を訪問することがあります。未納が１年以上続くと、介護サービスを利用する際に、給付制限を受ける場合があります。なお、経済的理由等で納付が困難な場合は、早めに相談したほうがよいでしょう。

解　説

老齢・退職・障害・遺族年金の給付額が月額15,000円（年額18万円）以上の方は、一定期間経過後、年金からの引き落しに変わります。その場合には、事前に連絡があります。

年金から引き落とされない（しない）場合、市区町村から介護保険料の納付書が送られます。銀行等の窓口で納入してください。銀行等の口座から自動引き落しを希望される方は、納入通知書に同封される「預金口座振替依頼書」により申し込みます。

介護保険料を滞納した場合は、期間に応じて、次のような不利益を受けることになります。

＜１年以上滞納すると＞

介護サービスを利用したとき、利用した介護サービスの全額をいったん自費負担しなければなりません（※申請により、あとで市区町村から９割、８割または７割が払い戻されます。）。

＜１年６か月以上滞納すると＞

　利用している介護サービスの費用の全額をいったん自費負担した後の市町村からの払い戻しが、一時差止めになったり、滞納した保険料に充てられ、差し引いた額が払い戻されます。

＜２年以上滞納すると＞

　時効により未納期間の介護保険料を納付することができなくなります。サービスを利用するときには未納期間に応じて割り出された期間、利用者の負担額が１割または２割から３割、３割負担の方は４割に引き上げられます。

　一定の負担額を超えた場合に支給される高額介護サービス費（Q＆A 204ページ参照）の支給が受けられなくなります。

　特別な事情もなく滞納している方については、滞納処分（預貯金等の財産の差押処分）が行われる場合があります。

Q 82　現在入院中ですが、要介護認定の申請をすることはできますか。

A　退院後に在宅で介護サービスを利用する場合、または介護保険施設への入所を希望する場合は申請します。要介護認定は病状が安定していることが前提になりますので、急性期医療で治療中の場合は事前に医師と相談してから申請します。

Q 83　認定の申請をしましたが、結果が出る前にサービスは利用できますか。

A　暫定プランによりサービスを利用できます。ただし、認定結果によっては非該当になる場合や介護保険で利用できるサービスの限度額が変わる場合がありますので、ケアマネジャー等とよく相談のうえ、サービスを利用しましょう。

Q 84　他の市区町村へ引っ越す場合、現在住んでいる市区町村で受けた要介護認定はどうなるのですか。

A　要介護認定を受けている方は、前に住んでいた市区町村が発行する受給資格証明書をもって、住民異動があった日から14日以内に要介護認定の申請をしてください。前住所地での要介護状態区分が引き継がれます。

$Q\,85$ 介護施設に入所するため、他の市区町村に引っ越します。どのようにしたらよいでしょうか。

A　特別養護老人ホーム、養護老人ホーム、有料老人ホーム、軽費老人ホーム（ケアハウス）、サービス付き高齢者向け住宅（※）等へ入居するために引っ越す方は、前住所地の介護保険の被保険者資格を継続します。施設に入所する方は、住所地特例適用届を出してください。

解　説

引っ越し前の市区町村が発行する受給資格証明書をもって、転出先で転入日から14日以内に要介護認定の申請をすると、前住所地の介護保険被保険者資格は喪失しますが、引っ越し先の市区町村で要介護状態区分が引き継がれます。

介護保険においては、地域保険の考え方から、住所地の市町村が保険者となるのが原則です。しかし、その原則のみだと介護保険施設等の所在する市区町村に給付費の負担が偏ってしまうことから、介護保険施設等に入所する場合には、住所を変更しても、変更前の市区町村が引き続き保険者となる仕組みである住所地特例が設けられています。介護保険の各種申請や保険料の支払いも、変更前の市区町村に行うことになります。

特別養護老人ホーム、養護老人ホーム、有料老人ホーム、軽費老人ホーム（ケアハウス）、サービス付き高齢者向け住宅（※）等に入所している方は、生活の本拠地が住所地と認定されるため、住所は施設に移さなければなりません。

※：(1)特定施設入居者生活介護の指定を受けた場合、(2)有料老人ホームに該当するサービス（介護、家事、食事、健康管理のいずれか）を提供し、かつ契約形態が利用権方式の場合に対象施設となります。

Q86　高額介護サービス費の支給について教えてください。

A　1か月の介護保険サービスおよび総合事業（介護予防・生活支援サービス）にかかった利用者負担額（1割、2割または3割）の合計が一定の上限額（高額介護サービス費等の自己負担の上限額を参照）を超えるときは、申請により高額介護サービス費等（※）としてその超えた額が支給されます。ただし、介護予防・生活支援サービス事業の一部、施設サービスなどの食費・部屋代等、特定福祉用具購入、住宅改修の費用は、高額介護サービス費の対象外となります。

※　介護保険サービスにかかった費用は高額介護（予防）サービス費。総合事業サービスにかかった費用は高額介護予防サービス費相当事業費として主に支給されます。

解説

■高額介護サービス費等の自己負担の上限額

所得区分	上限額（月額）
現役並み所得者（課税所得145万円以上の方）に相当する方がいる世帯の方	44,400円（世帯）※1
世帯のどなたかが市民税を課税されている方	44,400円（世帯）
世帯の全員が市民税を課税されていない方	24,600円（世帯）
世帯の全員が市民税を課税されていない方のうち ○老齢福祉年金を受給している方 ○前年の「公的年金等収入額」と「その他の合計所得金額※2」の合計が年間80万円以下の方	24,600円（世帯） 15,000円（個人）
生活保護等を受給されている方	15,000円（個人）

※1 「世帯」とは、住民基本台帳の世帯員で、介護サービスを利用した方全員の負担の合計の上限額を指し、「個人」とは、介護サービスを利用したご本人の負担の上限額を指します。
※2 「合計所得金額」とは、税法上の合計所得金額（前年の収入金額から必要経費等に相当する額を差し引いた金額で、税法上の各種所得控除や上場株式等の譲渡損失に係る繰越控除などは行う前の金額）から、土地や建物の売却に係る短期・長期譲渡所得の特別控除額を差し引いた金額をいいます。なお、合計所得金額がマイナスの場合は、0円として計算します。
　「その他の合計所得金額」とは、合計所得金額から公的年金等に係る雑所得（公的年金等収入額から公的年金等控除額を差し引いた金額）を差し引いた金額をいいます。

■申請
　・高額介護サービス費等の支給を受けるには、市区町村に申請する必要があります。
■申請手続に必要な主なもの
　・高額介護サービス費支給申請書（市区町村から送られてきます。）
　・介護保険被保険者証
　・印鑑（朱肉を使用するもの）
　・振込先の確認できるもの
■問合せ先
　市区町村の介護保険担当

$Q\,87$ 災害により、大きな被害を受けました。介護保険料の減免または徴収猶予は受けられますか。一部負担金についてはどうでしょうか。

A　申請することで、介護保険料が減免または徴収猶予されることがあります。また、一部負担金についても減免されることがあります。被害の程度などにより減免や猶予の期間には差があります。

解　説

介護保険料の減免または徴収猶予については、条例で規定されます。一部負担金（自己負担）分の減免については規則または要綱等で定められることが多いようです。なお、保険金、共済金等で損害への給付金がある場合は、その金額は減免・猶予対象から除かれます。

提出書類なども異なりますので、事前に相談して申請するほうがよいでしょう。印鑑が必要な場合もあります。

■減免、猶予の理由（共通）

⑴　第1号被保険者またはその属する世帯の主たる生計維持者が、震災、風水害、火災その他これらに類する災害により、住宅、家財その他の財産について著しい損害を受けたこと。

⑵　主たる生計維持者が死亡、または心身に重大な障害を有し、もしくは長期間入院したことにより収入が著しく減少したこと。

⑶　主たる生計維持者の収入が、事業または業務の休廃止、事業で著しい損失、失業等により著しく減少したこと。

⑷　主たる生計維持者の収入が、干ばつ、冷害、凍霜害等による農作物の不作、不漁その他これに類する理由により著しく減少したこと。

⑸　第1号被保険者が、刑事施設、労役場その他これらに準ずる施設に拘禁されたこと。

⑹　前各号に掲げるもののほか、特別な事情があること。

■保険料の徴収猶予

前記（共通）の理由により、申請することで、納入できない額を限度として、期間を定めて保険料の徴収の猶予を受けることができます。

＜次の書類・事項（例）を記入して申請＞

・申請書（第1号被保険者および主たる生計維持者の氏名、住所および個人番号、徴収の猶予を受けようとする保険料の額、納期限または当該保険料の徴収に係る特別徴収対象年金給付の支払に係る月等を記入）

・徴収の猶予を必要とする理由および罹災証明書などそれを証明する書類を添付。

■保険料の減免

◎前記の理由により申請することで、保険料の減免を受けることができます。

＜次の書類・事項（例）を記入して申請＞

・申請書（第1号被保険者および主たる生計維持者の氏名、住所および個人番号、減免を受けようとする保険料の額、納期限または当該保険料の徴収に係る特別徴収対象年金給付の支払に係る月等を記入）

・徴収の猶予を必要とする理由および罹災証明書などそれを証明する書類を添付。

◎生活の困窮を理由として申請することで、保険料の減免を受けることができます。

＜次の書類・事項（例）を記入して申請＞

・申請書（第1号被保険者および主たる生計維持者の氏名、住所および個人番号、減免を受けようとする保険料の額および納期限または当該保険料の徴収に係る特別徴収対象年金給付の支払に係る月）

・徴収の減免を必要とする理由、および、それを証明する書類を添付。

■一部負担金の減免

減免の対象は、サービスを利用したときにかかる利用者負担額です（食費・部屋代・日常生活費などは対象になりません。）。

＜次の書類・事項（例）を記入して申請＞

・申請書（介護保険利用者負担額減額・免除申請書、同意書）

・減免を必要とする理由およびそれを証明する書類を添付。（罹災証明書、その他損害の内容がわかるもの）

・保険金・共済金等で損害への給付金がある場合、その金額がわかるもの

Q 88 高額介護合算療養費制度とはどのような制度ですか。

A 　高額介護合算療養費制度とは、同一世帯で一年間に支払った後期高齢者医療制度の一部負担金等の額と介護保険制度の利用者負担額との合計額が、世帯の自己負担限度額を超えるときは、それぞれの制度からその差額が高額介護合算療養費として支給されます。

国民健康保険、健康保険等の医療保険も同様です。

⇒Q&A154ページ参照。

Q 89 地域包括支援センターについて教えてください。

> A 　地域包括支援センターは、市区町村（設置・責任主体）
> または市区町村から委託を受けた法人などが運営する介
> 護・医療・保健・福祉などの総合的な相談窓口です。日常生活圏（概
> ね中学校区程度）ごとに設置され、専門知識を持った職員等が介護
> サービスや介護予防サービス、保健福祉サービス、日常生活支援な
> どの相談や支援活動あたっており、介護保険の申請窓口なども担当
> しています。

解　説

　地域包括支援センターは、対象地域に住んでいる主として65歳以上の
高齢者、またはその支援のための活動に関わっている方のための施設で
す。

　地域包括支援センターは地域の高齢者を支えるために「介護予防ケア
マネジメント」「総合相談」「包括的・継続的ケアマネジメント」「権利
擁護」の4つの業務を行っています。

・介護予防ケアマネジメント

　要支援と認定された人や、支援や介護が必要となる可能性が高い人を
対象に、身体状況の悪化を防ぎ、自立した生活が継続できるように介護
予防を目的とした支援を行います。

・総合相談

　高齢者やその家族などの各種相談に総合的に応じ、必要なサービスや
制度を紹介し、解決を図ります。

・包括的・継続的ケアマネジメント

　地域全体の医療・保健・介護分野の専門家をはじめ地域住民を含めた幅広いネットワークをつくり、地域で暮らす高齢者の課題解決にあたります。

・権利擁護

　判断能力が低下した高齢者が、適切な法律行為ができるように、成年後見制度の活用をサポートしたり、虐待の防止、早期発見など権利擁護の取組みをしています。

（2）高齢者福祉

Q 90 シルバー人材センターについて教えてください。

A 高年齢者が働くことを通じて生きがいを得るための組織として、シルバー人材センター（センター）があります。センターは、原則として市区町村単位に設置されています。家庭や企業、地方自治体などから請負または委任契約により仕事を受注し、会員がその仕事を行い収入（配分金）を受け取ります。一定の「給料」を保証しているわけではありません。

解 説

シルバー人材センターは、高年齢者等の雇用の安定等に関する法律に基づいて事業を行う、都道府県知事の指定を受けた法人です。定年退職者その他の高年齢退職者が会員として参加します。センターでの働き方は「生きがいを得るための就業」を目的としていますので、一定した収入（配分金）の保証はありません。

センターは、家庭や企業、地方自治体などから請負または委任契約により仕事を受注し、会員として登録した高年齢者の中から適任者を選んでその仕事を遂行します。仕事の完成は、契約主体であるセンターが負います。

事業所の社員と混在して就業する仕事や、発注者の指揮命令を必要とする仕事などの場合は、労働者派遣事業や職業紹介事業などの手続を活用します。

センターの業務としては、①臨時的かつ短期的な就業（雇用を除く。）、

その他の軽易な業務に係る就業（雇用を除く。）を希望する高年齢退職者のために、これらの就業の機会を確保し、組織的に提供すること、②臨時的かつ短期的な雇用による就業またはその他の軽易な業務に係る就業（雇用によるものに限る。）を希望する高年齢退職者のために、無料の職業紹介事業を行うこと、③高年齢退職者に対し、臨時的かつ短期的な就業、その他の軽易な業務に係る就業に必要な知識及び技能の付与を目的とした講習を行うこと、となっています。②、③を行うセンターは多くはありません。

Q 91 老人（高齢者）クラブについて教えてください。

> **A** 地域の高齢者（概ね60歳以上）が集い、交流やスポーツ、ボランティア活動などを行う自主的な組織です。

解　説

　老人（高齢者）クラブは、戦後間もない1950（昭和25）年ごろ、社会と経済の混乱が続き、家族制度の改革が進む中で高齢者自らが集い、新たな役割を求めて誕生した自主組織です。小地域ごとの老人クラブ（単位クラブ）を核に、市区町村、都道府県・指定都市、全国の段階に老人クラブ連合会（老連）を組織しています。

　1963（昭和38）年に制定された老人福祉法や1994（平成6）年の新ゴールドプラン（高齢者保健福祉推進10か年戦略の見直し）等に高齢者の社会参加・生きがい対策の推進組織として位置づけられています。全国のクラブ数95,823、会員数5,245,723人（2019（平成31）年3月末現在：厚生労働省調べ）となっています。

Q 92　一般の高齢者向けの市区町村事業にはどんなものがありますか。

A　市区町村によって、違いがあります。主なものを紹介します（事業名称はさまざまです。）。

解　説

よく見られる高齢者のための市区町村事業は、次のようなものです。

＜健康＞

・健康教室・介護予防教室（生活習慣病や健康管理、食事等について専門職が相談・指導）
・高齢者インフルエンザ予防接種（費用の一部を助成）
・高齢者肺炎球菌ワクチン接種（費用の一部を助成）
・健康づくり体操（健康づくり、仲間づくりのための体操の会を開催）
・高齢者サロン・地域安心カフェ（幅広い世代が参加・交流できる場の設定）
・成人の検（健）診・がん検診（低額の費用での各種がん検診、ヘルスチェック、歯科検診等）

＜相談＞

・高齢者のための相談（地域包括支援センター⇒Q＆A209ページ参照）

＜生活支援＞

・配食サービス（一人暮らし、高齢者・障害者等に食事を届け安否確認）

・日常生活用具の給付（単身高齢者等への電磁調理器の給付や福祉電
　話機の貸与等）
・寝具乾燥サービス（身体的に寝具乾燥が困難な高齢者・障害者等へ
　のサービス）
・緊急時連絡システム（心疾患・慢性疾患の高齢者・障害者等が簡単
　に119番通報できるサービス）
・紙おむつ支給（要介護認定を受けた一定の方に紙おむつ代を支給）
・徘徊探知機貸与（要介護認定を受けた一定の徘徊のある方の家族に
　探知機を貸与）
・徘徊高齢者ステッカー配布（徘徊する方の身元確認用のステッカー
　配布）
・自立支援型ショートステイサービス（要介護認定で非該当となった
　方で必要な場合）
・成年後見制度利用支援（認知症の高齢者で身寄りのない方について
　利用を支援）
・高齢者介護手当（要介護認定で一定レベル以上の方を自宅で介護し
　ている場合の手当）
・災害時要援護者名簿の登録（災害時に避難救助や安否を確認するた
　めの名簿に登録する）

<施設>
・老人福祉センター（高齢者の相談、健康増進、教養の向上、レクリ
　エーション等のための施設）など

7　障害者福祉制度

$Q\,93$　障害者が各種のサービスを受けるためにはどうしたらよいですか。

A　まずは「障害者手帳」を取得しましょう。この手帳により、障害者総合支援法に基づく障害福祉サービスをはじめ、多くの自治体や民間事業者が提供するサービスを受けることができます。なお、難病などは、手帳がなくてもサービスを受けることができます。

解　説

障害者手帳には、身体障害者手帳、療育手帳、精神障害者保健福祉手帳の3つの種類があります。

■身体障害者手帳

身体障害者福祉法に定める障害の程度に該当すると認められた人に対して、都道府県知事、指定都市の市長、中核市の市長が発行します。

＜障害の種別と等級＞

障害の程度により1～7級に分かれています。

（肢体不自由の7級のみの手帳は交付されません。）

・視覚障害　　1～6級

・聴覚障害　　2～4・6級

・平衡機能障害　3・5級

・音声機能・言語機能・そしゃく機能障害　3・4級

・肢体不自由（上肢・下肢・乳幼児以前の非進行性の脳病変による運

動機能障害）1〜7級

・肢体不自由（体幹）1〜3・5級

・心臓・じん臓・呼吸器・ぼうこう・直腸・小腸機能障害　1・3・4級

・ヒト免疫不全ウイルスによる免疫機能障害　1〜4級

・肝臓機能障害　1〜4級

＜手帳の交付申請＞

　身体障害者手帳の交付は、必要な書類を添え近くの福祉事務所または市区町村の窓口を経由して、都道府県知事、指定都市の市長、中核市の市長に申請します。

＜必要な書類等＞（自治体で異なることがあります。）

　・指定された医師の診断書・意見書

　・申請者の写真（タテ4cm×ヨコ3cm）

　・個人番号（マイナンバー）を証明するもの

　・印鑑

■療育手帳（愛の手帳、みどりの手帳など名称が異なります。）

　知的障害者に交付される手帳です。知的障害者福祉法には規定がありませんが、1973（昭和48）年厚生事務次官通知「療育手帳制度について」が根拠になっており、都道府県知事、指定都市の市長が発行します。

＜障害の等級＞

　障害の等級は、最重度（マルA）、重度（A）、中度（B）、軽度（C）の4段階です（呼び方は、自治体によって異なることがあります。）。

＜手帳の交付申請＞

　療育手帳は、18歳未満は児童相談所、18歳以上は知的障害者更生相談所（名称が異なる場合があります。）において、知的障害があると判定された方に交付される手帳です。市区町村の児童福祉（障害）または障

害者福祉担当に連絡し、判定を受ける準備をしてください。

＜必要な書類等＞

・申請者の写真（タテ4cm×ヨコ3cm）

・手帳類(身体障害者手帳・精神障害者保健福祉手帳などをすでに持っている方のみ)

・印鑑など

■精神障害者保健福祉手帳

　精神障害者保健福祉手帳は、一定程度の精神障害の状態にあることを都道府県知事または指定都市の市長が認定し、発行するものです。

＜障害の等級＞

　精神疾患の状態と能力障害の状態の両面から総合的に判断され、1級（概ね障害年金1級に相当・軽度）、2級（概ね障害年金2級に相当・中度）、3級（概ね障害年金3級に相当・重度）があります。

＜手帳の交付申請＞

　手帳の交付申請は、申請書に必要な書類を添えて、住所地の市区町村長を経て、都道府県知事または指定都市の市長に提出することになります。

＜必要な書類等＞

・精神保健指定医その他精神障害の診断または治療に従事する医師の診断書

・精神障害を支給事由とするいずれかの年金給付を現に受けていることを証する書類の写し

・申請者の写真（タテ4cm×ヨコ3cm）

・個人番号（マイナンバー）を証明するもの

・印鑑など

$Q\,94$ 障害者への福祉サービスには、どのようなものがありますか。

A　基本的なサービスは、障害者総合支援法に基づくサービスです。この法律の主旨は、障害者の能力や適性に応じ自立した日常生活を営むことができるよう必要なサービスを行うことであり、障害の種別に関係なく利用することができます。

　このサービスを利用するには、市区町村が行う「障害支援区分の認定」を受ける必要があります。

解　説

　障害者総合支援法に基づくサービスは、個々の障害のある人々の障害程度や勘案すべき事項（社会活動や介護者、居住等の状況）を踏まえ、個別に支給決定が行われる「障害福祉サービス」と、市町村の創意工夫により、利用者の方々の状況に応じて柔軟に実施できる「地域生活支援事業」に大別されます。

　「障害福祉サービス」は、介護の支援を受ける場合には「介護給付」、訓練等の支援を受ける場合は「訓練等給付」に位置づけられ、それぞれ利用の際のプロセスが異なります。

　サービスには期限のあるものと、期限のないものがありますが、有期限であっても、必要に応じて支給決定の更新（延長）は一定程度、可能となります。

障害者総合支援法に基づくサービスの体系

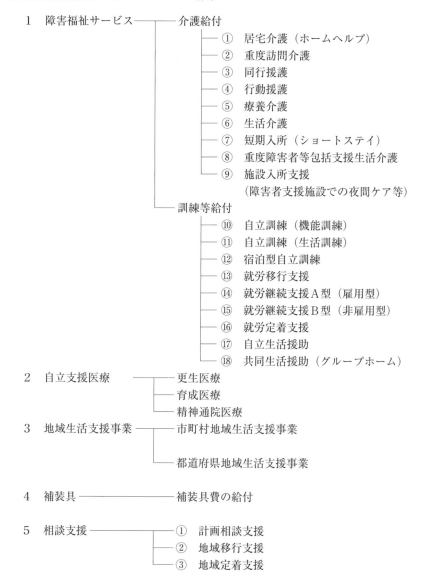

1　障害福祉サービス —— 介護給付
　　　　　　　　　　　　　① 居宅介護（ホームヘルプ）
　　　　　　　　　　　　　② 重度訪問介護
　　　　　　　　　　　　　③ 同行援護
　　　　　　　　　　　　　④ 行動援護
　　　　　　　　　　　　　⑤ 療養介護
　　　　　　　　　　　　　⑥ 生活介護
　　　　　　　　　　　　　⑦ 短期入所（ショートステイ）
　　　　　　　　　　　　　⑧ 重度障害者等包括支援生活介護
　　　　　　　　　　　　　⑨ 施設入所支援
　　　　　　　　　　　　　　（障害者支援施設での夜間ケア等）
　　　　　　　　　　訓練等給付
　　　　　　　　　　　　　⑩ 自立訓練（機能訓練）
　　　　　　　　　　　　　⑪ 自立訓練（生活訓練）
　　　　　　　　　　　　　⑫ 宿泊型自立訓練
　　　　　　　　　　　　　⑬ 就労移行支援
　　　　　　　　　　　　　⑭ 就労継続支援A型（雇用型）
　　　　　　　　　　　　　⑮ 就労継続支援B型（非雇用型）
　　　　　　　　　　　　　⑯ 就労定着支援
　　　　　　　　　　　　　⑰ 自立生活援助
　　　　　　　　　　　　　⑱ 共同生活援助（グループホーム）

2　自立支援医療 —— 更生医療
　　　　　　　　　　 育成医療
　　　　　　　　　　 精神通院医療

3　地域生活支援事業 —— 市町村地域生活支援事業
　　　　　　　　　　　 都道府県地域生活支援事業

4　補装具 —— 補装具費の給付

5　相談支援 —— ① 計画相談支援
　　　　　　　　 ② 地域移行支援
　　　　　　　　 ③ 地域定着支援

1　「障害福祉サービス」

介護給付

1　居宅介護

　居宅において、入浴、排せつおよび食事等の介護、調理、洗濯、掃除等の家事ならびに生活等に関する相談、助言その他の生活全般にわたる援助を行います。

【対象者】

　障害支援区分が区分1以上（障害児の場合にはこれに相当する支援の度合）である方。

　ただし、通院等介助（身体介護を伴う場合）を算定する場合にあっては、次のいずれにも該当する支援の度合（障害児の場合にはこれに相当する支援の度合）であること

(1)　障害支援区分が区分2以上に該当していること

(2)　障害支援区分の認定調査項目のうち、次に掲げる状態のいずれか一つ以上に認定されていること

　　・「歩行」「全面的な支援が必要」

　　・「移乗」「見守り等の支援が必要」、「部分的な支援が必要」または「全面的な支援が必要」

　　・「移動」「見守り等の支援が必要」、「部分的な支援が必要」または「全面的な支援が必要」

　　・「排尿」「部分的な支援が必要」または「全面的な支援が必要」

　　・「排便」「部分的な支援が必要」または「全面的な支援が必要」

2　重度訪問介護

　重度の肢体不自由者または重度の知的障害もしくは精神障害により行動上著しい困難を有する障害者で、常時介護を要する方が、居宅で入浴、

排せつ、食事等の介護、調理、洗濯および掃除等の家事ならびに生活等に関する相談・助言その他の生活全般にわたる援助、外出時の移動中の介護を総合的に行うとともに、病院等に入院または入所している障害者に対して意思疎通の支援その他の支援を行います。

【対象者】

障害支援区分が区分4以上（病院等に入院または入所中に利用する場合は区分6で、入院または入所前から重度訪問介護を利用していた方）で、次のいずれかに該当する者

1　次のいずれにも該当する者

(1)　二肢以上に麻痺等があること

(2)　障害支援区分の認定調査項目のうち「歩行」「移乗」「排尿」「排便」のいずれも「支援が不要」以外と認定されていること

2　障害支援区分の認定調査項目のうち行動関連項目等（12項目）の合計点数が10点以上である者

※2006（平成18）年9月末日現在において日常生活支援の支給決定を受けている者に係る緩和要件があります。

3　同行援護

視覚障害により、移動に著しい困難を有する障害者等が外出する際に同行し、移動に必要な情報を提供するとともに、移動の援護その他の必要な援助を行います。

【対象者】

視覚障害により、移動することが著しく困難な障害者等で、同行援護アセスメント調査票による、調査項目中「視力障害」、「視野障害」および「夜盲」のいずれかが1点以上であり、かつ、「移動障害」の点数が1点以上の者

※　障害支援区分の認定を必要としません。

4　行動援護

　知的障害または精神障害により行動上著しい困難を有する障害者等で、常時介護を要する方が行動する際に生じ得る危険を回避するために必要な援護、外出時における移動中の介護、排せつおよび食事等の介護その他の行動する際の必要な援助を行います。

【対象者】

　障害支援区分が区分3以上で、障害支援区分の認定調査項目のうち行動関連項目等（12項目）の合計点数が10点以上（障害児の場合はこれに相当する支援の度合）である者

5　療養介護

　病院において機能訓練、療養上の管理、看護、医学的管理の下における介護、日常生活上の世話その他必要な医療を要する障害者で常時介護を要する方が、主として昼間、病院において行われる機能訓練、療養上の管理、看護、医学的管理の下における介護と日常生活上の世話を行います。また、療養介護のうち医療に係るものを療養介護医療として提供します。

【対象者】

　病院等への長期の入院による医療的ケアに加え、常時の介護を必要とする障害者として次に掲げる者

⑴　筋萎縮性側索硬化症（ＡＬＳ）患者等気管切開を伴う人工呼吸器による呼吸管理を行っている者で、障害支援区分が区分6の者

⑵　筋ジストロフィー患者または重症心身障害者で、障害程度区分が区分5以上の者

(3)　改正前の児童福祉法第43条の４に規定する重症心身障害児施設に入居した者または改正前の児童福祉法第７条第６項に規定する指定医療機関に入所した者で、2012（平成24）年４月１日以降指定療養介護事業所を利用する(1)および(2)以外の者

6　生活介護

　障害者支援施設その他の施設で、常時介護を要する方に、主として昼間、入浴、排せつ、食事等の介護、調理、洗濯および掃除等の家事、生活等に関する相談・助言その他必要な日常生活上の支援、創作的活動または生産活動の機会の提供その他の身体機能または生活能力の向上のために必要な支援を行います。

【対象者】

　地域や入所施設において、安定した生活を営むため、常時介護等の支援が必要な者として次に掲げる者

[1]　障害支援区分が区分３（障害者支援施設等に入所する場合は区分４）以上である者

[2]　年齢が50歳以上の場合は、障害支援区分が区分２（障害者支援施設等に入所する場合は区分３）以上である者

[3]　生活介護と施設入所支援との利用の組合せを希望する、障害支援区分が区分４（50歳以上の者は区分３）より低い者で、指定特定相談支援事業者によるサービス等利用計画案を作成する手続を経た上で、市町村により利用の組み合せの必要性が認められた者

(1)　障害者自立支援法の施行時の身体・知的の旧法施設（通所施設も含む。）の利用者（特定旧法受給者）

(2)　法施行後に旧法施設に入所し、継続して入所している者

(3)　2012（平成24）年４月の改正児童福祉法の施行の際に障害児施

設（指定医療機関を含む）に入所している者

(4)　新規の入所希望者（障害支援区分1以上の者）

7　短期入所（ショートステイ）

居宅においてその介護を行う者の疾病その他の理由により、障害者支援施設、児童福祉施設等への短期間の入所を必要とする障害者等に、当該施設に短期間の入所をさせて、入浴、排せつ、食事の介護その他の必要な支援を行います。

【対象者】

＜福祉型（障害者支援施設等において実施）＞

(1)　障害支援区分が区分1以上である障害者

(2)　障害児に必要とされる支援の度合に応じて厚生労働大臣が定める区分における区分1以上に該当する障害児

＜医療型（病院、診療所、介護老人保健施設において実施）＞

遷延性意識障害児・者、筋萎縮性側索硬化症等の運動ニューロン疾患の分類に属する疾患を有する者および重症心身障害児・者　等

8　重度障害者等包括支援

常時介護を要する障害者等で、意思疎通を図ることに著しい支障があるもののうち、四肢の麻痺および寝たきりの状態にあるものならびに知的障害または精神障害により行動上著しい困難があるものに、居宅介護、重度訪問介護、同行援護、行動援護、生活介護、短期入所、自立訓練、就労移行支援、就労継続支援、就労定着支援、自立生活援助および共同生活援助を包括的に提供します。

【対象者】

障害支援区分が区分6（障害児は区分6に相当する支援の度合）に該

当する者のうち、意思疎通に著しい困難を有する者で、次のいずれかに
該当する者

類　　　型		状態像
重度訪問介護の対象であって、四肢すべてに麻痺等があり、寝たきり状態にある障害者のうち、右のいずれかに該当する者	人工呼吸器による呼吸管理を行っている身体障害者（Ⅰ類型）	・筋ジストロフィー ・脊椎損傷 ・ALS（筋萎縮性側索硬化症） ・遷延性意識障害等
	最重度知的障害者（Ⅱ類型）	重症心身障害者等
障害支援区分の認定調査項目のうち行動関連項目等（12項目）の合計点数が10点以上である者（Ⅲ類型）		強度行動障害等

9　施設入所支援

　施設入所の障害者に、主として夜間、入浴、排せつ、食事等の介護、
生活等に関する相談・助言その他の必要な日常生活上の支援を行います。
【対象者】
(1)　生活介護を受けている者で障害支援区分が区分４（50歳以上の者
　　は区分３）以上である者
(2)　自立訓練、就労移行支援または就労継続支援Ｂ型の利用者のうち、
　　入所させながら訓練等を実施することが必要かつ効果的であると認
　　められる者または通所によって訓練を受けることが困難な者
(3)　特定旧法指定施設に入所していた者であって継続して入所してい
　　る者または地域における障害福祉サービスの提供体制の状況その他
　　やむを得ない事情により通所によって介護等を受けることが困難な
　　者のうち、(1)または(2)に該当しない者もしくは就労継続支援Ａ型を
　　利用する者
(4)　2012（平成24）年４月の改正児童福祉法の施行の際に障害児施設
　　（指定医療機関を含みます）に入所していた者で継続して入所して

いる者

訓練等給付

10　自立訓練（機能訓練）

　障害者が障害者支援施設もしくは障害福祉サービス事業所に通い、その障害者支援施設、障害福祉サービス事業所または当該障害者の居宅を訪問して、理学療法、作業療法その他必要なリハビリテーション、生活等に関する相談・助言その他の必要な支援を行います。

【対象者】

　地域生活を営む上で、身体機能・生活能力の維持・向上等のため、一定の支援が必要な障害者。具体的には次のような例があげられます。

⑴　入所施設・病院を退所・退院した者で、地域生活への移行等を図る上で、身体的リハビリテーションの継続や身体機能の維持・回復などの支援が必要な者

⑵　特別支援学校を卒業した者であって、地域生活を営む上で、身体機能の維持・回復などの支援が必要な者　等

11　自立訓練（生活訓練）

　障害者が、障害者支援施設もしくは障害福祉サービス事業所に通い、その障害者支援施設、障害福祉サービス事業所においてまたは当該障害者の居宅を訪問して、入浴、排せつおよび食事等に関する自立した日常生活を営むために必要な訓練、生活等に関する相談・助言その他の必要な支援を行います。

【対象者】

　地域生活を営む上で、生活能力の維持・向上等のため、一定の支援が必要な障害者。具体的には次のような例があげられます。

(1)　入所施設・病院を退所・退院した者であって、地域生活への移行を図る上で、生活能力の維持・向上などの支援が必要な者

(2)　特別支援学校を卒業した者、継続した通院により症状が安定している者等であって、地域生活を営む上で、生活能力の維持・向上などの支援が必要な者　等

12　宿泊型自立訓練

障害者が、居室その他の設備を利用し、家事等の日常生活能力を向上させるための支援、生活等に関する相談および助言その他の必要な支援を行います。

【対象者】

自立訓練（生活訓練）の対象者のうち、日中、一般就労や障害福祉サービスを利用している者等で、地域移行に向けて一定期間、居住の場を提供して帰宅後における生活能力等の維持・向上のための訓練その他の支援が必要な障害者

13　就労移行支援

就労を希望する障害者で、通常の事業所に雇用されることが可能と見込まれるものに、生産活動、職場体験その他の活動の機会の提供その他の就労に必要な知識および能力の向上のために必要な訓練、求職活動に関する支援、その適性に応じた職場の開拓、就職後における職場への定着のために必要な相談その他の必要な支援を行います。

【対象者】

就労を希望する65歳未満の障害者で、通常の事業所に雇用されることが可能と見込まれる者。具体的には次のような例があげられます。

(1)　就労を希望する者で、単独で就労することが困難であるため、就

　労に必要な知識および技術の習得、就労先の紹介その他の支援が必要な者

⑵　あん摩マッサージ指圧師免許、はり師免許またはきゅう師免許を取得することにより、就労を希望する者

　※ただし、65歳以上の者については、65歳に達する前5年間（入院その他やむを得ない事由により障害福祉サービスに係る支給決定を受けていなかった期間を除きます。）に引き続き障害福祉サービスに係る支給決定を受けていたもので、65歳に達する前日において就労移行支援に係る支給決定を受けていた者に限り対象となります。

14　就労継続支援A型（雇用型）

　通常の事業所に雇用されることが困難な障害者のうち適切な支援により雇用契約等に基づき就労する者に、生産活動その他の活動の機会の提供その他の就労に必要な知識および能力の向上のために必要な訓練その他の必要な支援を行います。

【対象者】

　企業等に就労することが困難な者で、雇用契約に基づき、継続的に就労することが可能な者。具体的には次のような例があげられます。

⑴　就労移行支援事業を利用したが、企業等の雇用に結びつかなかった者

⑵　特別支援学校を卒業して就職活動を行ったが、企業等の雇用に結びつかなかった者

⑶　企業等を離職した者等就労経験のある者で、現に雇用関係がない者

　※65歳以上の者については、65歳に達する前5年間（入院その他や

むを得ない事由により障害福祉サービスに係る支給決定を受けていなかった期間を除きます。）引き続き障害福祉サービスに係る支給決定を受けていたもので、65歳に達する前日において就労継続支援A型に係る支給決定を受けていた者に限り対象となります。

15　就労継続支援B型（非雇用型）

通常の事業所に雇用されることが困難な障害者のうち通常の事業所に雇用されていた障害者で、その年齢、心身の状態その他の事情により引き続き当該事業所に雇用されることが困難となった者、就労移行支援によっても通常の事業所に雇用されるに至らなかった者、その他の通常の事業所に雇用されることが困難な者に、生産活動その他の活動の機会の提供その他の就労に必要な知識および能力の向上のために必要な訓練その他の必要な支援を行います。

【対象者】

就労移行支援事業等を利用したが一般企業等の雇用に結びつかない者や、一定年齢に達している者などで、就労の機会等を通じ、生産活動にかかる知識および能力の向上や維持が期待される者。具体的には次のような例があげられます。

(1)　就労経験がある者で、年齢や体力の面で一般企業に雇用されることが困難となった者

(2)　50歳に達している者または障害基礎年金1級受給者

(3)　(1)および(2)のいずれにも該当しない者で、就労移行支援事業者等によるアセスメントにより、就労面に係る課題等の把握が行われている本事業の利用希望者

(4)　障害者支援施設に入所する者は、指定特定相談支援事業者による

サービス等利用計画案の作成の手続を経た上で、市区町村により利用の組合せの必要性が認められた者

16　就労定着支援

　生活介護、自立訓練、就労移行支援または就労継続支援（以下「就労移行支援等」）を利用して、通常の事業所に新たに雇用された障害者の就労の継続を図るため、企業、障害福祉サービス事業者、医療機関等との連絡調整を行うとともに、雇用に伴い生じる日常生活または社会生活を営む上での各般の問題に関する相談、指導および助言等の必要な支援を行います。

【対象者】

　就労移行支援等を利用した後、通常の事業所に新たに雇用された障害者で、就労を継続している期間が6か月を経過した障害者（病気や障害により通常の事業所を休職し、就労移行支援等を利用した後、復職した障害者で、就労を継続している期間が6か月を経過した障害者も含みます。）

17　自立生活援助

　居宅において単身等で生活する障害者が、定期的な巡回訪問または随時通報を受けて行う訪問、相談対応等により、居宅における自立した日常生活を営む上での各般の問題を把握し、必要な情報の提供、助言・相談、関係機関との連絡調整等の自立した日常生活を営むために必要な援助を行います。

【対象者】

　障害者支援施設もしくは共同生活援助を行う住居等を利用していた障害者または居宅において単身であるためもしくは同居家族等が障害や疾

病等のため居宅における自立した日常生活を営む上での各般の問題に対する支援が見込めない状況にある障害者。具体的には次のような例があげられます。

⑴ 障害者支援施設やグループホーム、精神科病院等から地域での一人暮らしに移行した障害者等で、理解力や生活力等に不安がある者

⑵ 現に、一人で暮らしており、自立生活援助による支援が必要な者

① 地域移行支援の対象要件に該当する施設に入所していた者や精神科病院に入院していた者等であり、理解力や生活力を補う観点から支援が必要と認められる場合

② 人間関係や環境の変化等により、一人暮らしや地域生活を継続することが困難と認められる場合（家族の死亡、入退院の繰り返し 等）

③ その他、市区町村審査会における個別審査を経てその必要性を判断した上で適当と認められる場合

⑶ 障害、疾病等の家族と同居しており（障害者同士で結婚している場合を含みます。）、家族による支援が見込めないため、実質的に一人暮らしと同様の状況であり、自立生活援助による支援が必要な者

① 同居している家族が、障害のため介護や移動支援が必要である等、障害福祉サービスを利用して生活を営んでいる場合

② 同居している家族が、疾病のため入院を繰り返したり、自宅での療養が必要な場合

③ 同居している家族が、高齢のため寝たきりの状態である等、介護サービスを利用して生活を営んでいる場合

④ その他、同居している家族の状況等を踏まえ、利用者への支援を行うことが困難であると認められる場合

18　共同生活援助（グループホーム）

　障害者が、主として夜間、共同生活を営む住居において行われる相談、入浴、排せつまたは食事の介護その他の必要な日常生活上の援助を行います。

【対象者】

　障害者（身体障害者は、65歳未満の者または65歳に達する日の前日までに障害福祉サービスもしくはこれに準ずるものを利用したことがある者に限ります。）

2　自立支援医療

解　説

　自立支援医療制度は、心身の障害を除去・軽減するための医療について、医療費の自己負担額を軽減する公費負担医療制度です。

■それぞれの対象者は、次のとおりです。

・更生医療…身体障害者福祉法に基づき身体障害者手帳の交付を受けた者で、その障害を除去・軽減する手術等の治療により確実に効果が期待できる者（18歳以上）

・育成医療…身体に障害を有する児童で、その障害を除去・軽減する手術等の治療により確実に効果が期待できる者（18歳未満）

・精神通院医療…精神保健福祉法第5条に規定する統合失調症などの精神疾患を有する者で、通院による精神医療を継続的に要する者

■対象となる主な障害と治療例

(1) 更生医療、育成医療

　　ア．肢体不自由…関節拘縮→人工関節置換術

　　イ．視覚障害……白内障→水晶体摘出術

　　ウ．内部障害……心臓機能障害→弁置換術、ペースメーカー埋込術

　　　　　　　　　　腎臓機能障害→腎移植、人工透析

(2) 精神通院医療：精神疾患→向精神薬、精神科デイケア等

■利用者負担

自立支援医療における利用者負担の基本的な枠組み

① 利用者負担が過大なものとならないよう、所得に応じて1月当たりの負担額を設定（これに満たない場合は1割）

② 費用が高額な治療を長期にわたり継続しなければならない（重度かつ継続）者、育成医療の中間所得層については、さらに軽減措置を実施

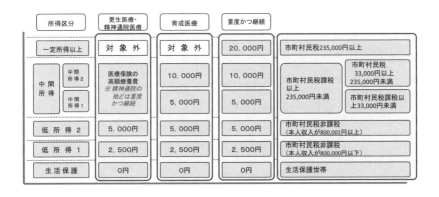

「重度かつ継続」の範囲

○疾病、症状等から対象となる者

　［更生・育成］　腎臓機能・小腸機能・免疫機能・心臓機能障害（心臓
　　　　　　　　移植後の抗免疫療法に限ります。)・肝臓の機能障害(肝
　　　　　　　　臓移植後の抗免疫療法に限ります。）の者

　［精神通院］　①統合失調症、躁うつ病・うつ病、てんかん、認知症等
　　　　　　　　の脳機能障害、薬物関連障害（依存症等）の者
　　　　　　　　②精神医療に一定以上の経験を有する医師が判断した者

○疾病等にかかわらず、高額な費用負担が継続することから対象となる
　者

　［更生・育成・精神通院］　医療保険の多数該当の者

出典：厚生労働省資料

https://www.mhlw.go.jp/bunya/shougaihoken/jiritsu/dl/01.pdf

3　地域生活支援事業

【解　説】

　地域生活支援事業は、市区町村および都道府県が地域の実情に応じて
柔軟に事業を展開し、地域の特性に沿ったサービスを行うものです。そ
れぞれ必須事業と任意事業があります。なお、基本的に障害支援区分の
判定は必要ありません。

（1）市区町村地域生活支援事業

　市区町村が地域の実情に応じて事業の内容や水準を決定し、実施して
います。主なものは、次のような事業です。

■相談支援事業　：　障害のある人、その保護者・介護者からの相談に応じ、必要な情報提供等や権利擁護のために必要な援助を行います。

■意思疎通支援事業　：　視覚・聴覚・言語等に障害があり意思疎通に支障がある人に対して、手話通訳の派遣や要約筆記などの派遣を行います。

■日常生活用具給付等事業　：　障害のある人に対し、ストマ用装具等の日常生活用具を給付または貸与します。

■移動支援事業　：　屋外での移動が困難な障害のある人について、ガイドヘルパーなど外出のための支援をします。

■地域活動支援センター　：　障害のある人が通い、創作的活動または生産活動の機会の提供、社会との交流の促進等の便宜を図ります。

■成年後見制度利用支援事業　：　成年後見制度を利用することが有用であると認められる知的障害者または精神障害者で、補助を受けなければこの制度の利用が困難である方に補助することで、成年後見制度の利用を支援します。

■その他の事業　：　福祉ホーム事業や日中一時支援事業等市区町村の判断により障害者が自立した日常生活・社会生活を営むために必要な事業を行います。

（2）都道府県地域生活支援事業

発達障害や高次脳機能障害等の高度な専門性を必要とする相談支援事業の市区町村域を超える広域的な支援事業、専門性の高い意思疎通支援を行う者の養成および派遣、サービス管理責任者研修等の人材育成など、都道府県の実情やニーズに応じた事業を行います。

4　補装具

解　説

■制度の概要

　障害者が日常生活を送る上で必要な移動等の確保や、働く場での能率の向上を図ること、および障害児が将来、社会人として独立自活するための素地を育成助長するためには、身体の欠損または損なわれた身体機能を補完・代替する用具が欠かせません。

　これらに要する費用については、公費負担と自己負担があります。同一の月に購入または修理に要した費用の額（基準額）の合計額から、当該補装具費支給対象者等の世帯の負担能力その他の事情を考慮して、政令で定める額（市区町村民税世帯非課税者以外の者は37,200円、市区町村民税世帯非課税者は0円）を控除した額（補装具費）を支給する制度です。

■補装具の例

・義肢（義手、義足）

・装具（下肢装具、靴型装具、体幹装具、上肢装具）

・座位保持装置

・車椅子、電動車椅子

・視覚障害者のための補装具

・聴覚障害者のための補装具

・重度障害者用意思伝達装置

・その他の肢体不自由者用補装具

・障害児に係わる補装具

■対象者

補装具を必要とする障害者、障害児、難病患者等

※難病患者等については、告示に定める疾病に限ります。

■実施主体　　市区町村

■申請方法等

　障害者または障害児の保護者が市区町村長に申請し、身体障害者更生相談所等の判定または意見に基づいて市区町村長が決定し、補装具費の支給を受けることになります。

■費用負担

　(1)　公費負担

　　補装具の購入または修理に要した費用の額（基準額）から利用者負担額（原則1割）を差し引いた額を補装具費とし、この補装具費について以下の割合により負担します。

　(2)　利用者負担

　　原則定率1割負担です。世帯の所得に応じ、以下の負担上限月額が設定されています。

所得区分および負担上限月額

生活保護	生活保護世帯に属する者	0円
低所得	市区町村民税非課税世帯	0円
一般	市区町村民税課税世帯	37,200円

※ただし、障害者本人または世帯員のいずれかが一定所得以上の場合（本人または世帯員のうち市区町村民税所得割の最多納税者の納税額が46万円以上の場合）には補装具費の支給対象外となります。
※生活保護への移行防止措置も別途あります。

5　相談事業

解　説

障害のある人が自立した日常生活または社会生活を営むことができる

ように、市区町村が中心となって以下のような相談支援事業を実施しています。地域の状況に応じて柔軟な事業形態をとれることとなっています。

■障害福祉サービス等の利用計画の作成（計画相談支援・障害児相談支援）

　サービス等利用計画についての相談および作成などの支援が必要と認められる場合に、障害者（児）の自立した生活を支え、障害者（児）の抱える課題の解決や適切なサービス利用に向けて、ケアマネジメントによりきめ細かく支援するものです。

相談窓口	市区町村（指定特定相談支援事業者、指定障害児相談支援事業者）
事業内容	障害福祉サービス等を申請した障害者（児）に、サービス等利用計画の作成、支給決定後のサービス等利用計画の見直し（モニタリング）を行った場合は、計画相談支援給付費または障害児相談支援給付費が支給されます。
対象者	○障害者自立支援法の計画相談支援の対象者 　・障害福祉サービスを申請した障害者又は障害児であって、市区町村がサービス等利用計画案の提出を求めた方 　・地域相談支援を申請した障害者で、市区町村がサービス等利用計画案の提出を求めた方 　　※介護保険制度のサービスを利用する場合は、障害福祉サービス固有の行動援護、同行援護、自立訓練（生活訓練）、就労移行支援、就労継続支援等の場合で、市区町村が必要と認める場合。 ○児童福祉法の障害児相談支援の対象者 　障害児通所支援を申請した障害児で市区町村が障害児支援利用計画案の提出を求めた方

■地域生活への移行に向けた支援（地域移行支援・地域定着支援）

　地域移行支援は、入所施設や精神科病院等からの退所・退院にあたって支援を要する者に対し、入所施設や精神科病院等における地域移行の取組みと連携しつつ、地域移行に向けた支援を行うものです。

　地域定着支援は、入所施設や精神科病院から退所・退院した方、家族との同居から一人暮らしに移行した方、地域生活が不安定な方等に対し、地域生活を継続していくための支援を行うものです。

相談窓口	指定一般相談支援事業者
事業内容	○地域移行支援 　入所施設に入所している障害者または精神科病院に入院している精神障害者に、住居の確保その他の地域における生活に移行するための活動に関する相談、地域移行のための障害福祉サービス事業所等への同行支援等を行った場合は、地域移行支援サービス費が支給されます。 ○地域定着支援 　居宅で単身等で生活する障害者で、地域生活を継続していくための常時の連絡体制を確保し、緊急時等の支援体制が必要と見込まれる方に、常時の連絡体制を確保し、障害の特性によって生じた緊急の事態等に緊急訪問や緊急対応等の各種支援を行った場合、地域定着支援サービス費が支給されます。
対象者	○地域移行支援 　・障害者支援施設等に入所している障害者 　・精神科病院に入院している精神障害者（1年以上の入院者を原則に市区町村が必要と認める方） ○地域定着支援 　次のうち、地域生活を継続していくための常時の連絡体制の確保による緊急時等の支援体制が必要と見込まれる方 　・居宅において単身で生活する障害者 　・居宅において同居している家族等が障害、疾病等のため、緊急時等の支援が見込まれない状況にある障害者

期間	○地域移行支援
	6か月以内。地域生活への移行が具体的に見込まれる場合には、6か月以内で更新できます。
	○地域定着支援
	1年以内。地域生活を継続していくための緊急時の支援体制が必要と見込まれる場合には、1年以内で更新できます（その後の更新も同じです。）。

■一般的な相談をしたい場合（障害者相談支援事業）

　障害のある人の福祉に関するさまざまな問題について、障害のある人等からの相談に応じ、必要な情報の提供、障害福祉サービスの利用支援等を行うほか、権利擁護のために必要な援助も行います。

　また、こうした相談支援事業を効果的に実施するために、自立支援協議会を設置し、中立・公平な相談支援事業の実施や地域の関係機関の連携強化、社会資源の開発・改善を推進します。

相談窓口	市区町村（または市区町村から委託された指定特定相談支援事業者、指定一般相談支援事業者）
事業内容	・福祉サービスを利用するための情報提供、相談
	・社会資源を活用するための支援
	・社会生活力を高めるための支援
	・ピアカウンセリング
	・専門機関の紹介　等
	※内容は各市区町村によって異なります。
対象者	障害のある方やその保護者など

■一般住宅に入居して生活したい場合（住宅入居等支援事業（居住サポート事業））

　賃貸契約による一般住宅（公営住宅及び民間の賃貸住宅）への入居を希望しているが、保証人がいないなどの理由により入居が困難な障害のある方に対し、入居に必要な調整等に関する支援や、家主等への相談・

助言を通じて地域生活を支援します。

相談窓口	市区町村（または市区町村から委託された指定特定相談支援事業者、指定一般相談支援事業者）
事業内容	・入居支援（物件あっせん依頼、入居契約手続き支援） ・居住支援のための関係機関によるサポート体制の調整
対象者	障害のある方で、賃貸契約による一般住宅への入居を希望しているが、保証人がいない等の理由により入居が困難な方（ただし、現に入所施設に入所している障害者または精神科病院に入院している精神障害者、グループホーム等に入居している人を除きます。）

■障害者本人で障害福祉サービスの利用契約等ができない場合（成年後見制度利用支援事業）

知的障害者や精神障害者のうち判断能力が不十分な方に、障害福祉サービスの利用契約の締結等が適切に行われるようにするため、成年後見制度の利用促進を図ります。

相談窓口	市区町村（基幹相談支援センター）
事業内容	成年後見制度の申し立てに要する経費（登記手数料、鑑定費用等）および後見人等報酬等の全部または一部を助成します。
対象者	障害福祉サービスを利用しまたは利用しようとする知的障害者または精神障害者で、後見人等の報酬等必要となる経費の一部について、補助を受けなければ成年後見制度の利用が困難であると認められる方

出典：2019（令和元）年度　地域生活支援事業（市町村事業）

　　　https://www.mhlw.go.jp/content/000529440.pdf

　　　2019（令和元）年度　地域生活支援事業（都道府県事業）

　　　https://www.mhlw.go.jp/content/000529441.pdf

　　　各自治体のHP参照

Q 95 障害支援区分の認定について教えてください。

> *A* 　障害者総合支援法の定めるサービスを利用するために
> は、基本的に障害の多様な特性その他の心身の状態に応
> じて必要とされる標準的な支援の度合を総合的に示す「障害支援区
> 分認定」を受けなければなりません。その度合いに応じてサービス
> を利用することができます。

解　説

　市区町村は、障害者等から介護給付費等の支給に係る申請を受理した
場合は、「障害支援区分の認定」を行い、その支援の度合いに応じてサー
ビスを提供します。障害支援区分は、区分1から区分6まであり、数字
が大きいほど支援の必要が高くなります。

　手続は、次の図のようになりますが、申請があると、認定調査員によ
る訪問調査（80項目）が行われ、その結果と主治医の意見書をもとにコ
ンピュータによる1次判定が行われます。さらに認定調査員による特記
事項、医師意見書を加えて2次判定となる審査会で判定されます。市区
町村でこれを確定し、申請者に通知されます。

　なお、地域生活支援事業は、基本的に障害支援区分の判定は必要あり
ません。

障害者総合支援法における「障害支援区分」の概要

① 障害支援区分の定義（法第4条第4項）

○ 障害の多様な特性その他の心身の状態に応じて必要とされる標準的な支援の度合を総合的に示すもの。

（低い）　　　　　　　　　　必要とされる支援の度合い　　　　　　　　　　（高い）

非該当	区分1	区分2	区分3	区分4	区分5	区分6

② 障害支援区分の認定手続き

○ 市町村は、障害者等から介護給付費等の支給に係る申請を受理した場合、以下の手続きによる「障害支援区分の認定」を行う。

市町村への申請 → 認定調査員による訪問調査の結果（認定調査の結果）／主治医の意見書（医師意見書） → 一次判定（コンピュータ判定） → 認定調査員による特記事項／主治医の意見書（医師意見書） → 二次判定（市町村審査会） → 市町村による認定（申請者への通知）

出典：厚生労働省資料

Q 96 実際にサービスを利用するにはどうしたらよいですか。

A　市区町村は、サービスの利用の申請をした方（利用者）に、「指定特定相談支援事業者」が作成する「サービス等利用計画案」の提出を求めます。利用者は「サービス等利用計画案」を「指定特定相談支援事業者」で作成し、市区町村に提出します。市区町村は、提出された計画案や勘案すべき事項を踏まえ、支給決定します。

　指定特定相談支援事業者は、支給決定された後にサービス担当者会議を開催し、サービス事業者等との連絡調整を行い、実際に利用する「サービス等利用計画」を作成します。そして、サービス利用が開始されます。

解　説

　「指定特定相談支援事業者」は、都道府県、指定都市、中核市などが、人員配置や設備などから基準を満たしており、事業の推進能力があるとして指定した事業所のことです。ここには障害者施設や児童福祉施設などで所定の実務を経験してきた相談支援専門員等（専門職）がおり、各利用者に適した支援を組み立てます。

　障害児の場合、居宅サービスの利用にあたっては、障害者総合支援法に基づく「指定特定相談支援事業者」が「サービス等利用計画案」を作成し、通所サービスの利用にあたっては、児童福祉法に基づく「指定障害児相談支援事業者」が「障害児支援利用計画案」を作成します。障害児の入所サービスについては、児童相談所が専門的な判断を行うため障害児支援利用計画の作成は必要ありません。サービス等利用計画は、

2015（平成27）年度より必須となりました。

　指定特定相談支援事業者が身近な地域にない場合等、それ以外の者が作成したサービス等利用計画案（セルフプラン）を提出することもできます。

【参考になる資料】

全社協パンフレット　『障害者総合支援法　障害福祉サービスの利用について』

https://www.shakyo.or.jp/news/pamphlet_201804.pdf

Q 97 障害者総合支援法に基づくサービス以外にも受けられるサービスがあると聞きましたが、どんなものですか。

A NHK受信料や上下水道料金、公共交通機関の運賃、携帯電話料金、観光施設などの割引サービスをはじめ、就職の際、障害者雇用枠への応募、各種税金の減免などさまざまなサービス・配慮があります。

解説

交通機関の障害者割引として鉄道、バス、飛行機、有料道路・ETC、タクシー、船・フェリーなどの運賃・料金割引があります。国が通知を発し、基準を定めています（事業主体が自治体の場合は条例で定めています。）。

民間や自治体が行うものとして、商業施設、映画館、美術館、水族館、各種観光施設の割引や優待もあります。

所得税や相続税、贈与税など税制上も優遇されます。これらは国税ですから法律で全国一律に決められています。また、自動車税や軽自動車税なども割引や免除（地方自治体の条例）となる場合があります。

また、障害者雇用促進法により、企業や地方自治体などに対して、一定の割合で障害者を雇用する義務を定めています。障害者の場合、一般労働市場での求人だけでは、就労の機会を得ることが困難です。そこで「障害者雇用枠」という特別な採用枠を利用して、一般雇用とは異なる採用基準で企業や公的機関に応募・就職することができます。障害者雇用では、症状や体調などへの配慮を受けながら働くことができます。

8　生活保護制度

Q 98 外国人住民も生活保護を受けることができますか。

| *A* | 日本国籍の人に準じて受けることができるとされています。 |

解　説

　生活保護法第1条により、外国人住民は法の適用対象とならないとされていますが、適法に日本に滞在し、活動に制限を受けない永住、定住等の在留資格を有する外国人については、国際道義上、人道上の観点から、予算措置として生活保護法を準用し、必要と認める保護を行うこと、とされています。

　生活に困窮する外国人で保護を受けようとする場合、住居地を管轄する保護の実施機関（福祉事務所）に対し、申請者および保護を必要とする者の国籍を明記した保護の申請書を提出（申請保護の原則）するとともに有効な在留カードまたは特別永住者証明書を呈示する必要があります（「生活に困窮する外国人に対する生活保護の措置について」1954（昭和29）年5月8日（社発第382号各都道府県知事あて厚生省社会局長通知）参照。）。

　具体的な生活保護法の準用の外国人住民の対象者は、
(1)　出入国管理及び難民認定法別表第2の在留資格を有する方（永住者、定住者、永住者の配偶者等、日本人の配偶者等）
(2)　日本国との平和条約に基づき日本の国籍を離脱した方等の出入国

　管理に関する特例法の特別永住者（在日韓国人、在日朝鮮人、在日
　台湾人）
⑶　入管法上の認定難民
これら以外の方は対象になりません。

コラム

　現在の日本の生活保護について、国際規約の視点から問題点の指摘もあ
ります。
　1976（昭和51）年、「経済的、社会的及び文化的権利に関する国際規約（社
会権規約）」と「市民的及び政治的権利に関する国際規約（自由権規約）」
が発効し、1979（昭和54）年、日本政府はいずれの条約も批准しました。
社会権規約には、権利について「国民的若しくは社会的出身」によるいか
なる差別もなしに行使されることを保障する旨の条項があります。政府は、
昭和29年通知を根拠に、支給される保護の内容、保護の方法は、すべての
点で国民の場合と同じ仕組みで保障されている（したがって社会権規約に
は必ずしも反しない）との立場をとっています。しかし、支給内容が同一
であっても、権利として構成されておらず、不服申立の制度を欠く点が、
社会権規約の精神に反しないかという点では問題が残ります。
　日本は1981（昭和56）年に「難民の地位に関する条約」に加入。「締約
国は、合法的にその領域内に滞在する難民に対し、公的扶助及び公的援助
に関し、自国民に与える待遇と同一の待遇を与える」と定める同条約第23
条と社会保障関連法中の受給資格を日本国民に限定する、いわゆる国籍条
項の関係が問題になりました。「難民として認定された人は、日本で安定
的に在留できるほか、永住許可要件の一部緩和、難民旅行証明書の交付が
認められています。また、難民条約に定められた難民に対する各種の保護
措置を確保するため、社会保障関係法令（国民年金法、児童扶養手当法等）
から国籍要件を撤廃するなどの法整備が行われました。これにより、初等
教育、国民年金、児童扶養手当、健康保険などについて、日本国民と同一
待遇を受けられるなどの社会生活上の効果もあります」（外務省HP）。生
活保護法の改正については、現在も国籍条項の削除は行われていません。

Q 99 生活保護の手続は、どこで行うのですか。何か必要な書類はありますか。

A 住所地を所管する福祉事務所（通常、役所内の生活福祉課などです。名称が異なる場合があります）で、相談・申請を行います。

申請時に必要な書類等は特にありませんが、申請書等（生活保護申請書、資産申告書、収入申告書、同意書など）に必要事項を記入する必要があります。

病気などで申請の手続に行けないときは、福祉事務所に相談しましょう。

解　説

福祉事務所は、社会福祉法第14条に規定されている「福祉に関する事務所」です。ここには、所長や査察指導員、各世帯を担当するケースワーカー（社会福祉主事・現業員）等がおり、相談・対応にあたります。市（区）の場合は必ず設置されていますが、設置していない町村に住所のある方は、当該町村役場でも申請の手続を行うことができます（申請はその地域を所管する都道府県が設置する福祉事務所に送付されます。）。

申請時に申請書等（生活保護申請書、資産申告書、収入申告書、同意書など）に記入しますが、その他特に持参するものはありません。ただし、生活保護の申請をした後の調査において、世帯の収入・資産等の状況がわかる資料（通帳の写しや給与明細等）の提出が必要になることがあります。

■保護を受ける手続

○　生活保護の手続

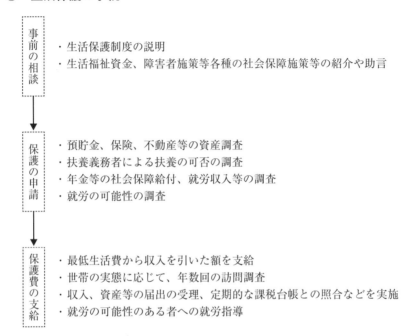

事前の相談	・生活保護制度の説明 ・生活福祉資金、障害者施策等各種の社会保障施策等の紹介や助言
保護の申請	・預貯金、保険、不動産等の資産調査 ・扶養義務者による扶養の可否の調査 ・年金等の社会保障給付、就労収入等の調査 ・就労の可能性の調査
保護費の支給	・最低生活費から収入を引いた額を支給 ・世帯の実態に応じて、年数回の訪問調査 ・収入、資産等の届出の受理、定期的な課税台帳との照合などを実施 ・就労の可能性のある者への就労指導

Q 100 生活保護の申請をしてから、受給できるかどうかがわかるまでどのくらい日数がかかりますか。

A 　生活状況の調査や資産調査（預貯金、生命保険等）等を行った上で申請した日から原則14日以内（調査に日時を要する特別な理由がある場合は最長30日）に生活保護を受給できるか、できないかの回答があります。生活保護の申請をしてから生活保護が開始されるまで当座の生活費がない場合、社会福祉協議会が行う「資金貸付」が利用できる場合もあります。

Q 101 生活保護制度の主旨、原則などを教えてください。

> *A*　「生活保護」は、資産や能力等すべてを活用してもなお生活に困窮する人に対し、その困窮の程度に応じて必要な保護を行い、健康で文化的な最低限度の生活を保障するとともに、自立を助長することを目的とした制度です。

解　説

　生活保護には4つの原理、4つの原則があります。原理は、①国家責任による最低生活保障の原理（生活保護法第1条）、②無差別平等の原理（同第2条）、すべての国民は、法に定める要件を満たす限り、理由にかかわらず無差別平等に保護を受けることができます。ただし、「国民」を日本人と解釈しているため、外国籍の人の保護は「準用」扱いされています、③最低生活保障の原理（同第3条）、④保護の補足性の原理（同第4条）、利用し得る資産、能力その他あらゆるもの（他法や他施策も含む）を活用した後に保護が行われます。

　生活保護を実施する際の原則は、①申請保護の原則（同第7条）、本人や扶養義務者、親族等による申請に基づいて開始、②基準および程度の原則（同第8条）、厚生労働大臣の定める保護基準に基づいて、その不足分を補う程度で保護、③必要即応の原則（同第9条）、個人または世帯の実際の必要の相違を考慮して保護、④世帯単位の原則（同第10条）、世帯単位で保護の要否・程度を決定します。

Q 102 「生活の困窮」というのは、どういうことですか。

> **A** 生活保護法では、世帯単位の収入が厚生労働大臣の定める「最低生活費」に満たないことをいいます。

解 説

　生活保護は世帯単位で行います。世帯全員が、その利用し得る資産、能力その他あらゆるものを、その最低限度の生活の維持のために活用することが前提です。年金や手当など他の制度で給付を受けることができる場合は、まずそれらを活用します。親族等民法上の扶養義務者の扶養は、生活保護法による保護に優先します。預貯金は一定程度になるまで使用します。生活に利用されていない土地・家屋等があれば売却するなどして生活費に充てなければなりません。もちろん、働ける人は、その能力に応じて働くことが必要です。

　こうした諸要件の活用を行って、得られる世帯の収入と厚生労働大臣が定める基準で計算した最低生活費を比較して、収入が最低生活費に満たない場合に、保護が適用されます。支給される額は、最低生活費から収入を差し引いた差額となります。

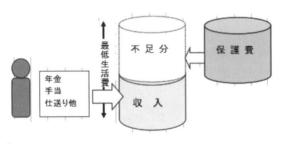

出典：筆者作成

Q103 日本のどこに住んでいても同じように生活保護を受けることができますか。

A　基本的な仕組みは同じですが、生活費が多くかかる大都市か他の地方かによって支給される額が違います（級地制）。また、住んでいるところが寒冷地かどうかなどの条件により、支給される種類と額が変わってきます。

解　説

保護基準は、最低生活により経費が多くかかる大都市から順に1級地から3級地まで区分し、これをさらにそれぞれ2段階（全6区分）に分けています。東京23区やこれに接する都市、名古屋、京都、大阪、神戸市等の政令指定都市が1級地1で、その周辺都市や札幌、仙台、千葉市など地方の大都市が1級地2になります。大都市から離れるほど級地の数値が大きくなり、最低生活費も低くなります。

寒冷地かどうかなど地域の条件により、支給される種類と額も変わってきます。

○　**生活扶助額の例（平成30年10月時点）**

世帯構成＼地域	東京都区部等	地方郡部等
3人世帯（33歳、29歳、4歳）	158,900円	133,630円
高齢者単身世帯（68歳）	79,550円	65,500円
高齢者夫婦世帯（68歳、65歳）	120,410円	100,190円
母子世帯（30歳、4歳、2歳）	189,190円	161,890円

※児童養育加算、母子加算、冬季加算（Ⅵ区の5/12）を含む。
出典：厚生労働省資料

Q 104 生活保護費は、どのように計算されるのですか。

> 　　　　**A**　　生活保護費は世帯単位で計算され、世帯の人数・構成員の年齢によって金額が決まります。また、一定の障害のある人のいる世帯やひとり親世帯、子どもを養育する世帯には加算額が計上されます。
>
> 　また、家賃相場等の物価も算定根拠となっているため、全国を6区分に級地分けをしており、級地によって同じ世帯構成でも最低生活費（保護基準）は変わります。

解　説

　各世帯の状況に応じて計算した最低生活費が収入で賄えない（不足する）場合、その差額が保護費として支給されます。なお、収入とは原則として就労収入（給料・給与）のほか、各種年金、手当、仕送り、保険金等あらゆるものが算定されます。ただし、一部の手当等については収入としてみなさないものがあります。

　保護（扶助）の種類は、①生活扶助　②住宅扶助　③教育扶助　④医療扶助　⑤介護扶助　⑥出産扶助　⑦生業扶助　⑧葬祭扶助の8種類があります。また、生活扶助には、基準生活費の他に家族の状況に応じた加算の制度があります。妊産婦加算、母子加算、障害者加算、在宅患者加算、放射線障害者加算、児童養育加算、介護施設入所者加算、介護料加算です。

　生活保護費には税金は課されません。

扶助の種類と支給内容

生活保護費の種類と内容生活を営む上で生じる費用	扶助の種類	支　給　内　容
日常生活に必要な費用 （食費・被服費・光熱費等）	生活扶助	基準額は、 (1)　食費等の個人的費用 (2)　光熱水費等の世帯共通費用 を合算して算出 特定の世帯には加算があります（母子加算等）。
アパート等の家賃	住宅扶助	定められた範囲内で実費を支給
義務教育を受けるために必要な学用品費	教育扶助	定められた基準額を支給
医療サービスの費用	医療扶助	費用は直接医療機関へ支払 （本人負担なし）
介護サービスの費用	介護扶助	費用は直接介護事業者へ支払 （本人負担なし）
出産費用	出産扶助	定められた範囲内で実費を支給
就労に必要な技能の修得等にかかる費用	生業扶助	定められた範囲内で実費を支給
葬祭費用	葬祭扶助	定められた範囲内で実費を支給

Q 105 生活保護費は、いつ、どのように支給されるのですか。

A　生活保護費は、毎月決まった日に支給されます。その支給日は、福祉事務所によって異なります。また、年末年始など長期の休業の時は、その休業以前の日に支給されます。医療扶助と介護扶助の費用は、福祉事務所が直接それぞれの機関に支払いますが、それ以外は現金で受給者本人に支払われます。

Q 106 自動車を持っていても、生活保護を受給できますか。

A　自動車は資産となりますので、原則として処分し、生活維持のために活用しなければなりません。ただし、障害者の通勤、通院等に必要な場合等には自動車の保有が認められることがあります。福祉事務所に相談しましょう。

9　地域の生活支援者

（行政、NPO、民生委員、行政相談委員、人権擁護委員、町内会・自治会など、国際交流協会、日本司法支援センター、ハローワーク、労働基準監督署、国民生活センター、消費生活センターなど）

Q 107 日本語（言葉）や日本の暮らしのことがよく分かりません。支援してくれる人はいますか。

A　日常の暮らしについては、市区町村が多言語の『市民生活案内帳』（一例）など行政全般にわたる情報誌、または「ゴミの出し方」など分野ごとに情報提供をしています。また、用件によっては市区町村が通訳を手配する場合もあります。

　地域には、その区域を担当する民生委員・児童委員（厚生労働大臣委嘱）が全国に約23万人おり、生活や福祉に関する相談、援助活動を行っています。

　総務大臣が委嘱する行政相談委員が、地域の住民生活に身近な分野を中心に、国の行政機関の苦情等、地方自治体の事務等に関する苦情等や民事事案に関するものまで広範な分野で相談活動をしています。

　人権に関する相談は、法務大臣の委嘱を受けた人権擁護委員が応じます。

解　説

■行政は多言語で対応

　行政・生活情報（ホームページ等）の多言語化は、ほとんどの自治体で行われつつあります。しかし、まだまだ、一方的に「お知らせ」する

タイプが多いのが実態です。

　こうした中で、先進的な取組みも見受けられます。県知事が「外国人地域サポーター」を委嘱（ボランティア・活動費月5,000円支給）し、外国人住民への情報提供、外国人住民の現状・ニーズ把握、市町村や関係団体等との連絡調整、相談窓口の紹介・同行支援などを行っている（島根県）、テレビ電話通訳システムの導入（島根県、浜松市、一宮市など）、外国語版メールの配信や防災無線の多言語での実施、多言語音声翻訳アプリ・タブレットを活用した通訳（美濃加茂市、綾瀬市など）、各部署に通訳の配置（豊橋市など）各自治体で取組みが進んでいます（多文化共生の推進に関する研究会報告書2018）。

■NPOなども積極的活動

　NPO活動、一例をあげると、埼玉県指定・認定NPO法人「ふじみ野国際交流センター」は、各自治体からの委託を受け生活情報を外国人住民に多言語で提供するとともに、法人自らの活動として「生活相談」「子どもの学習支援」「日本語学習」などを無料で行っています。また翻訳、英語・中国語での出生証明、独身証明、結婚証明など文書作成（有料）なども行っています。全国には、こうした国際交流や外国人支援のボランティア・NPO等が数多くあります。

■民生委員・児童委員

　「民生委員」は、民生委員法に基づいて厚生労働大臣から委嘱された方々です。社会福祉の増進のために、地域住民の立場から生活や福祉全般に関する相談・援助活動を行っており、創設から今年で103年の歴史を持つ制度です。また、すべての民生委員は児童福祉法によって「児童委員」も兼ねており、妊娠中の心配ごとや子育ての不安に関するさまざまな相談や支援を行っています。

　子育てや介護の悩みを抱える人や、障害のある方・高齢者などが孤立

し、必要な支援を受けられないケースがあります。そこで、民生委員・児童委員が地域住民の身近な相談相手となり、支援を必要とする住民と行政や専門機関をつなぐパイプ役を務めます。

■行政相談委員

行政相談委員は、行政相談員法に基づき国民の行政に関する苦情の解決の促進に資するため、苦情の相談に関する業務を行い、行政の民主的な運営に寄与することを目的として、総務大臣が委嘱した方々です。業務は、行政機関等（国の各機関その他）の業務に関する苦情の相談に応じて、総務大臣の定めるところに従い、申し出た人に必要な助言をし、総務省または当該関係行政機関等にその苦情を通知すること、この通知した苦情に関して、行政機関等の照会に応じ、必要があると認める場合に当該行政機関等における処理の結果を申し出た人に通知すること、とされています。

行政相談委員は、全国の市町村に約5,000人が配置され、市区町村庁舎等に設ける定例相談所等のほか、委員の自宅や巡回相談、電話等国民の身近なところで、苦情・相談に応じています。また、相談業務を通じて得られたさまざまな行政運営上の改善についても意見を総務大臣に述べることができます。これらの意見は、総務省が各府省に通知するなどにより、行政運営の改善に活用されています。行政相談委員の意見を踏まえて行政の制度・運営の改善が図られたものも少なくありません。

■人権擁護委員

人権擁護委員は、人権擁護委員法に基づいて、人権相談を受けたり人権の考えを広めたりする活動をしている民間の方々です。現在、約14,000人が法務大臣から委嘱され、全国の市区町村に配置され、全国各地の商業施設や市区町村庁舎、公民館等などに特設相談所を開設するなど積極的な人権擁護活動を行っています。

Q 108 町内会、自治会について教えてください。

> **A**　町内会、自治会（名称はさまざまです）などは、地域を単位に自主的に住民が集まり、作った組織をいいます。また、全国的に、自治体が関与し「コミュニティ」と位置づけ、支援や役割分担などを行っているところがあります。

解　説

　町内会、区、自治会など名称はさまざまですが、地域を単位にし、自治体が関与する（行政の下部組織的位置づけ）住民組織の歴史は古く、明治の時代以前からあったといわれています。1945（昭和20）年以後、ＧＨＱにより禁止された時期もありましたが、1952（昭和27）年の平和条約発効後まもなく復活し、今日に至っています。現在でも、自治体広報紙の配布、行政情報の回覧、募金、ゴミ置き場の設置・整理などの役割を持っている町内会・自治会等が数多くあり、コミュニティ活動を支える組織として位置づけられています。この組織への加入率を住民参加、コミュニティ醸成の指標にしている自治体もあります。

　一方、自治体とのかかわり（下部組織的性格）がほとんどない『自治会』等もあります。「団地自治会」などは、その団地の環境の整備、親睦・交流のために活動します。設置機構に対して意見・要望などを出し、交渉したりもします。もちろん、自治体に対して意見・要望等を行うこともあります。

　いずれも、法的な加入義務はありませんが、趣旨に賛同する場合は、加入し交流を持つこともいいでしょう。

Q 109 国際交流・多文化共生を進めている団体・組織を教えてください。

A 国や全国の自治体はもちろんですが、自治体に窓口がある、または自治体の外郭団体などで多文化共生や国際交流を推進している団体として、国際交流協会等があります。

また、総務省の指針に基づき県等が作成した「地域国際交流推進大綱」に位置づけられた地域の中核的民間国際交流組織として、地域国際化協会（クレア）もあります。

解 説

各地方自治体では地域レベルの国際化を推進するため、さまざまな取組みを行っていますが、地域の国際化は行政だけでなく、民間国際交流組織の活動が不可欠です。各自治体には、国際交流を進めようとする組織があります。さらに、総務省は、省の指針に基づき県等が作成した「地域国際交流推進大綱」に位置づけられ、地域の国際交流を推進するにふさわしい中核的民間国際交流組織を「地域国際化協会」と認定し、各種の支援を行っています。

この一つの活動例として、埼玉県国際交流協会で行っている事業を紹介します。

・外国人総合相談センター

10言語（英語、中国語、スペイン語、ポルトガル語、韓国・朝鮮語、タガログ語、タイ語、ベトナム語、インドネシア語、ネパール語）およびやさしい日本語による相談と情報提供を行っています。

・外国人のための無料法律相談

婚姻・離婚や入国・在留、事件・事故、労働問題 などの法律的助

言を必要とする外国人からの相談に応えるため、弁護士会が毎週金曜日に実施する外国人無料法律相談の予約仲介を行うとともに、要請に応じて通訳ボランティアを派遣しています。

・災害時支援

　大きな災害が起きた時に、県の要請を受けて「災害時多言語情報センター」を立ち上げ、在住外国人を支援します。また、センター運営のための訓練や災害時支援について学ぶためのセミナーを開催しています。

・高校進学ガイダンス

　日本語を母語としない外国人生徒の高校進学を支援するため、多言語による進学説明パンフレットを7か国語（日本語、英語、スペイン語、ポルトガル語、中国語、タガログ語、ベトナム語）で作成し、高校進学のための説明・相談会を開催します。

・日本語教室

　ボランティアによる日本語支援の教室が県内に約120か所あります。そのほとんどは、公民館やコミュニティセンターなどの公共施設を利用しており、テキスト代や会場使用料など、低額の実費負担で参加ができます。日本語を学ぶほか、同じような子育て仲間と話したり、絵本を読む活動なども予定されています。

・翻訳事業

　戸籍謄本や婚姻証明書などの公文書を翻訳（対応言語：英語、中国語、スペイン語、ポルトガル語　※その他の言語は応相談）する事業を行っています。

・多言語情報サイト

　○外国人の生活ガイド（ガイドブック）英語、スペイン語、ポルトガル語、中国語、韓国・朝鮮語、タガログ語、日本語

○外国人生活ガイド「埼玉で暮らそう」（動画）英語、スペイン語、ポルトガル語、中国語、韓国・朝鮮語、タガログ語、日本語

○国際課ニューズレター（英語、中国語、韓国・朝鮮語、日本語、やさしいにほんご）

○埼玉県ホームページで自動翻訳サービス

　　外国人住民や訪日外国人などに正確に県政情報を伝えるため、県ホームページでの日本語の情報を外国語（英語、中国語（簡体字）、中国語（繁体字）、韓国・朝鮮語、ベトナム語、スペイン語、ポルトガル語）へ自動翻訳することができるようになりました。

・災害関連情報

○大雨や強風の災害にあわないために（英語、スペイン語、ポルトガル語、中国語、日本語）

○7か国語防災ガイドブック（英語、スペイン語、ポルトガル語、中国語、韓国・朝鮮語、タガログ語、日本語）

○外国人緊急カード（英語、中国語、やさしいにほんご）

・住まい・医療情報の提供

○あんしん賃貸住まいサポート店：外国人の住まい探しに協力していただける不動産業者を、あんしん賃貸住まいサポート店として登録しています。

○賃貸住宅の借り方・住むときのルール（日本語、中国語、ポルトガル語、スペイン語、英語）

○外国語で対応できる医療機関

　外国語で対応できる医療機関を検索することができます。

　こうした活動や事業は、全国の地域国際化協会（国際交流協会等）で展開されています。

■多文化共生ポータルサイト（全国の国際交流協会が検索できます。）
http://www.clair.or.jp/tabunka/portal/associations/

Q 110 国などの機関で、各分野で専門的に対応するところを教えてください。

> **A**　各省庁にも相談窓口はありますが、地域で相談できる主な機関としては、法律関係では日本司法支援センター(法テラス)、労働関係ではハローワーク（公共職業安定所）、労働基準監督署、消費生活関係では、国民生活センター、消費生活センターなどがあります。

解　説

それぞれの機構・組織の概要と役割を紹介します。

■日本司法支援センター（法テラス）

　日本司法支援センター（通称：法テラス）は、刑事・民事を問わず、だれでも法的なトラブルの解決に必要な情報やサービスの提供を受けられるように総合法律支援法に基づき、2006（平成18）年に設立された法務省所管の公的な法人です。

　法制度に関する情報提供、民事法律扶助業務（経済的に余裕のない方などが法的トラブルにあったときに、無料で法律相談を行い、必要な場合、弁護士・司法書士の費用等の立替えを行う業務）、犯罪被害者支援業務（犯罪の被害にあわれた方や家族の方などの支援、その被害に関する刑事手続に適切な関与、損害回復・軽減を図るための法制度・情報の提供などを行う業務）、国選弁護等関連業務（国選弁護人になろうとする弁護士との契約、裁判所への通知、国選弁護人に対する報酬・費用の支払いなどを行う業務）などを行っています。

　電話：法テラスサポートダイヤル　0570-078374

■ハローワーク（公共職業安定所）

　ハローワークは、厚生労働省の機関で正式には公共職業安定所といいます。主に職業紹介事業を行っています。国によって運営され、人材を探している企業に対して、仕事を探している求職者を紹介することが主な業務であり、就職困難者を支援するセーフティネットとしての役割を担っています。求職者の利用は無料であり、加えて人材を求める企業側の利用も無料です。

　＜通訳がいるハローワーク＞

https://www.mhlw.go.jp/content/000592865.pdf

　＜ハローワーク・インターネットサービス＞

https://www.hellowork.mhlw.go.jp/

■労働基準監督署

　労働基準監督署の役割は、管轄内の企業に労働基準法を守らせることです。厚生労働省の機関で各都道府県に47局、全国に321署4支署あります。各労基署には管轄区域あり、域内の事業所（会社や個人事業者）が労働基準法を守って運用しているかどうか監督し、違反企業があれば、捜査を行い送検までする刑事的な権限も持っています。

　また、労働安全衛生法などに基づき、働く人の安全と健康を確保する措置が講じられるよう事業場への指導などや労働者災害補償保険法に基づいて労働者の業務上・通勤による負傷などに対して保険給付を行っています。

■国民生活センター・消費生活センター

　国民生活センターは、独立行政法人国民生活センター法に基づき設置された消費生活に関する中核的な組織です。国民生活の安定および向上に寄与するため、総合的見地から国民生活に関する情報の提供および調査研究を行うとともに、重要消費者紛争について法による解決のための

手続を実施することを目的としています。

　消費生活センターは、地方自治体が設置する行政機関です。消費者安全法は、事業者に対する消費者の苦情に係る相談等の事務を行う施設について都道府県に設置義務、市区町村に設置の努力義務を課しています。名称はさまざまで「消費生活センター」とは限りません。消費生活センターと国民生活センターとは、情報交換や研修等で連携しますが、組織の上下関係はありません。なお、これらのセンターでは、一定水準の知識と能力を持つ消費生活専門相談員（国家資格）等が相談にあたります。

■内閣府：暮らしの相談窓口のご案内

　内閣府のホームページから各分野（男女共同参画、配偶者暴力、ＮＰＯ制度、食の安全、インターネット上での違法・有害情報、高齢者・介護、障害者、学校生活・友人関係等）にアクセスできます。

　https://www.cao.go.jp/soudan/soudan.html

■首相官邸：関係省庁等が開設している主な相談窓口

　首相官邸ホームページから各分野（健康・医療、学校や休校、生活・人権、行政全般にアクセスできます。

　https://www.kantei.go.jp/jp/pages/coronavirus_index_consulting.html

10　税金 その他

Q 111 外国人でも所得税や住民税は納めなければなりませんか。

A 原則として毎年1月1日に、その市区町村に住所のある方は国籍に関係なく国税である所得税、地方税である住民税（都道府県民税・市区町村民税）を納めなければなりません。居住地が変わった場合でも、国税はもちろん、住民税も1月1日現在、居住していた市区町村に納めます。新たに入国した外国人は、入国日、在留期間、職業などにより住所の有無を判定します。

解　説

税金は、国籍にかかわらず納めなければなりません（ただし、外国人旅行者等の非居住者が、みやげ品等として国外へ持ち帰る目的で輸出物品販売場で購入する（1）一般物品合計額が（税抜）5,000円以上、（2）消耗品1日の販売価額（税抜）の合計額が5,000円以上50万円以下の場合は消費税が免除されます。）。

（1）住民税（都道府県民税・市区町村民税）

住民税は、所得税と異なり、翌年度課税です。所得の発生と納税に時差があるため、現年に所得がなくなっても納税しなければなりません。
■住民税の対象となる方
原則として毎年1月1日に、その市区町村に住所のある方が対象になります（国籍は問いません。）。

居住地が変わった場合でも、1月1日現在、居住していた市区町村に納めます。

新たに入国した外国の方は、入国日、在留期間、職業などにより住所の有無を判定します。

■住民税が課税されない方

前年中の所得が基準額以下の方には、住民税はかかりません（基準額は、本人の年齢や扶養家族数などによって異なります。）。

■住民税の申告

毎年3月15日までに、前年中の所得を市区町村の税務担当に申告してください。ただし、税務署に所得税の確定申告をした方、給与所得のみの方で会社などから給与支払報告書が市区町村に提出されている場合などは、申告の必要はありません。

■住民税の計算方法

住民税には均等割と所得割があります。

○均等割：所得にかかわらず同じ額です。

○所得割：前年中の所得等に応じて計算します。

■住民税の納入方法

　個人の住民税の納入方法は、以下のとおりです。

○普通徴収

市区町村から自宅あてに送付（6月上旬ころ）される納税通知書に同封の納付書により、定められた納期ごとに個人で納める方法です。納める場所は、市区町村、その支所・出張所または銀行、郵便局などの金融機関、コンビニエンスストア（納付用バーコードが印刷されているものに限る）です。なお、クレジットカードでの納付のほか、パソコンやスマートフォン・携帯電話・ATMから支払い可能な納付方法もあります。

○給与からの特別徴収

　会社員などの給与所得者の場合、事業所が毎月の給与から差し引いて、本人に代わって市区町村に納付する方法です（給与所得者でも、普通徴収により納付できる場合もあります。）。

※このほか、公的年金からの特別徴収制度があります。

■出国時の手続

　住民税の課税対象者が納税通知（6月上旬ころ）前に出国する場合は、納税管理人を定めるか、予納（事前に住民税を納める制度）を利用します。納税通知を受け取った後に出国する場合は、納税管理人を定めるか、全額を納入します。

（2）国税（所得税）

　所得税は、個人の所得にかかる税金で、その人の1年間のすべての所得から所得控除を差し引いた残りの課税所得に税率を適用して税額を計算します。

■年末調整・確定申告について

　会社などに勤めている給与所得者の場合、毎月の給与から差し引かれ（源泉徴収）、その他の所得がない場合や世帯構成に変化がないなどの場合は「年末調整」という事業所の事務で納税の手続は完了します。所得が複数の場所から20万円以上ある場合や2,000万円以上の高額所得者、災害にあったなどの事情のある方は、税務署に確定申告する必要があります。

　所得税は、自分の所得の状況を最もよく知っている納税者が、自ら税法に従って所得と税額を正しく計算し、納税するという申告納税制度になっています（所得税・確定申告について詳しいことは国税庁のホームページをご覧ください。URL：http://www.nta.go.jp/）。

参考：主な国税と地方税一覧

	国税	地方税
所得課税	所得税 法人税 地方法人税 地方法人特別税 特別法人事業税 復興特別所得税	住民税 事業税
資産課税等	相続税・贈与税 登録免許税 印紙税	不動産取得税 固定資産税 特別土地保有税 法定外普通税 事業所税 都市計画税 水利地益税 共同施設税 宅地開発税 国民健康保険税 法定外目的税
消費課税	消費税 酒税 たばこ税 たばこ特別税 揮発油税 地方揮発油税 石油ガス税 航空機燃料税 石油石炭税 電源開発促進税 自動車重量税 国際観光旅客税 関税 とん税 特別とん税	地方消費税 地方たばこ税 ゴルフ場利用税 軽油引取税 自動車税（環境性能割・種別割） 軽自動車税（環境性能割・種別割） 鉱区税 狩猟税 鉱産税 入湯税

出典：財務省資料

Q 112 国外（母国等）居住親族を扶養していますが、日本で扶養控除などを受けるにはどうしたらよいですか。

A　日本で得た所得から、国外居住親族の扶養控除、配偶者控除、障害者控除または配偶者特別控除の適用を受けることができます。その際は、その国外居住親族に係る「親族関係書類」や「送金関係書類」（これらの書類が外国語で作成されている場合には、その翻訳文）を源泉徴収義務者（会社や事業所など）に提出するか提示する必要があります。

解　説

　給与等または公的年金等の源泉徴収および給与等の年末調整において、非居住者である親族（国外居住親族）に係る扶養控除、配偶者控除、障害者控除または配偶者特別控除（以下「扶養控除等」）の適用を受ける居住者は、その国外居住親族に係る「親族関係書類」や「送金関係書類」（これらの書類が外国語で作成されている場合には、その翻訳文を含みます。）を源泉徴収義務者に提出し、または提示する必要があります。

　また、確定申告で国外居住親族に係る扶養控除等の適用を受ける場合にも、「親族関係書類」および「送金関係書類」を確定申告書に添付し、または確定申告書の提出の際に提示する必要があります。ただし、給与や公的年金等の源泉徴収または給与等の年末調整の際に源泉徴収義務者に提出し、または提示したこれらの書類については、確定申告書に添付または提示を要しないこととされています。

■親族関係書類

　「親族関係書類」とは、次の①または②のいずれかの書類で、国外居住親族が居住者の親族であることを証するものをいいます。

①　戸籍の附票の写しその他の国または地方公共団体が発行した書類および国外居住親族の旅券（パスポート）の写し

②　外国政府または外国の地方公共団体が発行した書類（国外居住親族の氏名、生年月日、住所または居所の記載があるものに限ります。）

■送金関係書類

「送金関係書類」とは、次の書類で、居住者がその年において国外居住親族の生活費または教育費に充てるための支払を必要の都度、各人に行ったことを明らかにするものをいいます。これらは、原本に限らずその写しも送金関係書類として取り扱うことができます。

①　金融機関の書類またはその写しで、その金融機関が行う為替取引により居住者から国外居住親族に支払をしたことを明らかにする書類

・外国送金依頼書の控え（その年において送金をした控え）

②　いわゆるクレジットカード発行会社の書類またはその写しで、国外居住親族がそのクレジットカード発行会社が交付したカードを提示してその国外居住親族が商品等を購入したこと等により、その商品等の購入等の代金に相当する額の金銭をその居住者から受領した、または受領することとなることを明らかにする書類

・クレジットカードの利用明細書（いわゆる家族カードに係る利用明細書で、利用日の年分）

○国外居住親族が複数いる場合には、送金関係書類は扶養控除等を適用する国外居住親族の各人ごとに必要となります。例えば、国外に居住する配偶者と子がいる場合で、配偶者に対してまとめて送金している場合には、その送金に係る送金関係書類は、配偶者（送金の相手方）のみに対する送金関係書類として取り扱い、子の送金関係書類として取り扱うことはできません。

○送金関係書類については、扶養控除等を適用する年に送金等を行った全ての書類を提出または提示する必要があります（同一の国外居住親族への送金等が年3回以上となる場合には、一定の事項を記載した明細書の提出と各国外居住親族のその年最初と最後に送金等をした際の送金関係書類の提出または提示をすることにより、それ以外の送金関係書類の提出または提示を省略することができます。）。この場合、その書類は居住者本人が保管する必要があります。

○16歳未満の非居住者である扶養親族（扶養控除の対象とならない扶養親族）であっても障害者控除を受ける場合には、親族関係書類および送金関係書類の提出または提示が必要です。

（国税庁HP参照）

https://www.nta.go.jp/publication/pamph/pdf/kokugaifuyou_leaflet.pdf

Q 113 技能実習生を受け入れる場合、技能実習生の社会保険・労働保険、税金（所得税や住民税）はどのようになりますか。

A　技能実習生の社会保険と税務は日本人と同じです。ただし、中国など「租税条約」を締結している国・地域からの技能実習生その他は、所得税・住民税が免除されます。

解　説

（1）社会保険・労働保険の取扱いは日本人と同じ

技能実習生の社会保険・労働保険の取扱いは日本人と同じです。厚生年金の適用事業者に雇用される場合は、厚生年金・健康保険（40歳以上64歳以下の技能実習生のみ介護保険分も負担）・雇用保険・労働保険が適用されます。適用事業者でない事業者に雇用される場合は、国民年金および国民健康保険への加入が必要になります。

（2）税務の取扱いも日本人と同じ（中国など「租税条約」を締結国・地域を除く）

技能実習生の所得税や住民税などの税務についても日本人と同じです。ただし、中国からの技能実習生に関しては「日中租税条約」が締結されており、中国人技能実習生の日本での所得税・住民税が免除されることになっています。

中国からの技能実習生であれば無条件に免税になるわけではありません。所得税については以下の書類（例）を雇用主である企業等から所轄の税務署へ提出する必要があります。なお、租税条約の存在を知らずに、中国人技能実習生から源泉徴収していた場合は、「租税条約に関する源

泉徴収税額の還付請求書」を税務署へ提出することで税金の還付を受けることができます。

■必要となる書類（中国人技能実習生の租税免除の申告に関わる書類・例）

　・租税条約に関する届出書

　・在留資格認定証明書の写し

　・パスポートの写し

　・在留カードの写し

　・技能実習計画書

　・会社案内その他資料

（3）住民税（市町村民税・都道府県民税）

　住民税についても租税条約により税金の免除の届出をする際は、手続が必要です。税務署で所得税の免除の届出をした後に、市区町村に届出してください。所得税の免除の届出をしただけでは住民税は免除されません。なお、この手続は毎年必要となります。

■申請に必要な書類（源泉徴収義務者（給与支払者）を通じて市区町村に提出）

　・税務署に提出した「租税条約に関する届出書」の写し（受付印があるもの）

　・在留カードの写し

　・雇用契約書等の写し

＜編著者紹介＞

● 石川　久（いしかわ　ひさし）

法政大学法学部兼任講師、元淑徳大学コミュニティ政策学部教授

埼玉県富士見市役所入庁。企画財政、福祉・介護、総務、秘書など幅広い分野を担当。同市総務部長、総合政策部長などを経て、淑徳大学総合福祉学部教授、コミュニティ政策学部学科長。この間、法政大学大学院公共政策研究科、早稲田大学大学院社会科学研究科で兼任講師。現在、社会福祉法人明照会理事長、千葉県公益認定等審議会会長をはじめ多数の自治体で、行政改革、行政評価、行政不服審査等の委員長等を務めている。

● 杉田　昌平（すぎた　しょうへい）

弁護士（入管届出済弁護士）、社会保険労務士

センチュリー法律事務所弁護士、慶應義塾大学大学院法務研究科・グローバル法研究所（KEIGLAD）特任講師、名古屋大学大学院法学研究科学術研究員。
アンダーソン・毛利・友常法律事務所、名古屋大学大学院法学研究科特任講師（ハノイ法科大学内日本法教育研究センター）、ハノイ法科大学客員研究員等を経て、現在、外国人材の受入れに関する法務及び労務を中心に活動している。

外国人住民の生活相談Q&A
～子育て・教育から医療・福祉まで～

令和 2 年11月10日　第 1 刷発行
令和 3 年 7 月12日　第 2 刷発行

編　著　石川　久・杉田　昌平
発　行　株式会社ぎょうせい

〒136-8575　東京都江東区新木場1-18-11
URL：https://gyosei.jp

フリーコール　0120-953-431

ぎょうせい　お問い合わせ　検索　https://gyosei.jp/inquiry/

〈検印省略〉

印刷　ぎょうせいデジタル株式会社　　　　　　©2020　Printed in Japan
※乱丁・落丁本はお取り替えいたします。
ISBN978-4-324-10894-9
(5108649-00-000)
〔略号：外国人生活相談〕